나는 오늘도 기본을 입고 출근합니다

당신의 영업 가치를 높이는 비밀 매뉴얼

나는 오늘도

이정현 지음

기본을 입고
출근합니다

매일경제신문사

영업의 마스터키는 기본 매뉴얼입니다

"성공은 마법도 신비도 아니다.
성공은 지속적인 기본 원칙 적용의 자연스러운 결과다."

– 짐 론(Jim Rohn)

가치를 느끼게 하는 코치

나는 육성코치다. 국내 대기업 보험 회사에서 신입사원 대상으로 교육을 담당하고 있다. 보통 6개월 동안 교육이 진행되는데, 이 시기를 지나면 대부분 그럴듯한 영업인으로 태어난다. 영업을 처음 시작할 때 필수로 거쳐야 할 과정이기에 그 어떤 교육보다 중요하다. 그래서 내게 이역할이 주어졌을 때 어깨가 상당히 무거웠다. 하지만 신입사원들에게 내가 실천해온 방식을 그대로 알려줬고, 그것을 익히게 했더니 성과가 나기 시작했다. 답은 기본 매뉴얼에 있었다.

영업을 처음 시작하게 되면 보통은 두려움이 먼저 생긴다. '내가 잘할 수 있을까?'부터 '어떻게 말을 꺼내지?', '이 일을 오래 할 수 있을까?' 등 오만 가지 생각이 든다. 굳은 결심으로 출발했지만 하루에 열두 번도 넘게 마음이 오락가락한다. 그 마음을 너무 잘 알기에 사명감부터 느끼게 한다. 보험의 진정한 가치를 알게 하는 것이다. 그것이 바탕이 되어야 고객에게도 상품 설명은 물론, 보험의 가치를 전달할 수 있기 때문이다. 더불어 일에 대한 보람도 느낄 수 있다. 물론 이 부분은 6개월이 지나도 꾸준히 상기시켜나가야 한다.

그다음, 영업을 할 때 꼭 해야 하는 것과 하지 말아야 할 것을 하나씩 알아간다. 연인 사이에서도 좋아하는 것만 해주는 것보다 싫어하는 것을 하지 않는 것도 중요한 만큼, 기본 매뉴얼에도 해야 할 것과 하지 말아야 할 것이 분명하다. 이를 기준으로 계획을 세우고, 실천하고, 피드백하며 영업인의 모습을 갖춰나간다.

5년 연속 골드멤버 배출 달성

나도 처음부터 영업을 잘했던 건 아니다. 생각지도 못한 우연으로 보험 영업을 소개받은 그저 평범한 사람이었다. 당시 전해 듣기로 일하는 만큼 소득이 생기고, 무엇보다 시간적 여유로 아이 돌보기도 수월하다고 했다. 세상 모든 엄마에게 솔깃한 매력이었다.

그렇게 보험 영업의 장점에 이끌려 시작했지만, 어느 것 하나 쉬운 게 없었다. 그럼에도 불구하고 차근차근 개척해나가며 성과를 냈고, 육성 코치의 제안을 받았다. 신입사원을 관리하는 것이었다. 앞서 언급했듯이 부담스럽기는 했지만, 마음 한구석에 후배들만큼은 내가 겪은 힘듦을 겪지 않았으면 하는 의무감이 생겨 받아들였다.

그때부터 나는 다시 신입이 되었다. 신입보다 일찍 출근하고, 늦게 퇴근했다. 나와 한 약속이지만 벌써 10년 넘게 지켜오고 있다. 그리고 결코 짧지 않은 세월 동안 인재를 육성해오다 보니, 지점의 주축인 SM 4명, 필드 트레이너 2명, 5년 연속 골드멤버 달성자 2명을 배출하는 달콤함을 맛보기도 했다. 그뿐만 아니라 우수한 성과로 독립한 후, 구성원 20명 이상 증원한 SM(세일즈 매니저)도 탄생했다. 그 외에도 수많은 LC(Life Consultant)가 잘 정착하고 있어 그들을 볼 때마다 엄마 미소가 절로 지어진다. 모두 출근과 기록이라는 기본에 충실하도록 강조, 또 강조한 결과다.

흔들리지 않는 매출의 노하우

많은 사람이 삶은 영업이라고 한다. 우리 일상에 영업 아닌 것이 없기 때문이다. 그리고 무수한 영업 활동 중 가장 어려운 분야가 보험 영업이라고 인정한다. 왜냐하면 눈에 보이는 유형이 아닌, 언젠가 다가올 상황을 대비하는 무형의 것을 대상으로 하고 있기 때문이다. 그런데 일부 영업인들이 보험의 본질을 전달하지 않고, 단순 판매만을 하다 보니 고객과의 신뢰에서 힘들어한다. 이로 인해 고객은 결국 신뢰하는 사람을 찾아간다.

그렇다면 신뢰감 있는 모습을 보여주는 것이 관건인데, 어떻게 보여줄 수 있을까? 바로 태도다. 성실하고, 열정적이고, 약속을 잘 지키는 사람, 즉 기본이 몸에 밴 사람에게는 무엇을 맡겨도 믿음직하다. 또 그 모습을 통해 성과도 이뤄낸다. 그리고 성과를 낸 것에 그치지 않고, 잘한 것과 부족한 부분을 기록으로 남겨 참고하면, 그것이 자기만의 매뉴얼이 된다.

나는 10년 이상 육성코치로 지내면서 신입사원들에게 이러한 기본을 전달했다. 내가 보험 영업인으로 자리 잡을 수 있었던 비결이었고, 다른 사람에게도 효과가 있다는 사실을 증명했다. 비단 영업에만 해당하는 법칙이 아니다. 삶에서도 기본을 지킨다면, 놀라운 변화가 일어난다. 나에게 교육받았던 많은 설계사가 경기 불황에도 흔들리지 않고 남다른 매출을 낸 것처럼.

성공하는 영업의 정답은 기본 매뉴얼

성공하고 싶지 않은 사람이 있을까? 대부분의 현대인이 성공하고 싶어 한다. 그리고 그 시기를 앞당기고 싶어 한다. 이러한 이유로 다들 노력한다. 아주 열심히. 하지만 중요한 것은 열심히는 기본이고, '잘'해야 한다. 성공이 간절하고 목표를 달성하고 싶다면 선택이 아닌 필수다.

예를 들어, 영업하는 사람은 무수히 많다. 같은 분야에서 오래 하는 사람도 많고, 잘하는 사람도 넘친다. 그런데 차이점이 있다. 같은 성공이라도 자신만의 스타일, 즉 개인기로 시행착오를 겪으며 이뤄낸 사람이 있는 반면, 기본 매뉴얼을 따라 성공한 사람이 있다. 두 사람 중 누가 시간을 절약했을까? 물어볼 것도 없이 후자다. 물론 운이 좋아서 개인기로 빠르게 성장한 사람도 있을 것이다. 하지만 기본을 이길 수는 없다. 기본을 지킨 사람은 단기간에 성과를 내지 못할 수는 있지만, 꾸준히 성장한다. 그리고 기본기가 탄탄해야 오래 지속할 수 있다. 축구 선수에게 기본기가 중요하듯 영업도 마찬가지다.

이 책에는 영업 기본 매뉴얼을 담았다. 매뉴얼은 시행착오를 줄여줄 뿐만 아니라 누구에게나 통하는 진리다. 나는 이 매뉴얼로 영업 현장에서 10년 이상 근무할 수 있었고, 5년 연속 골드멤버를 육성할 수 있었다. 또 월 3,000만 원의 꿈을 이루게 한 살아 있는 안내서다. 오랫동안 육성코치로 활동하면서 영업을 잘하고 싶고, 영업으로 삶을 변화시키고 싶어 하는 사람을 많이 만났다. 이에 지금도, 앞으로도 영업에 대한 꿈과 열정을 안고 있는 이들에게 선물하고 싶었다. 그 마음으로 늘 교육 생들에게 강조한 기본 매뉴얼을 아낌없이 담았다. 신입 영업인에게는 기본기를 다져주는 실용서가, 선배 영업인에게는 초심을 지키는 계기 가, 육성코치에게는 교육 지침서가 되지 않을까 한다.

우리 삶처럼 정답 없는 영업 세계라고는 하지만 분명 해답은 있다. 해답을 알게 되면 삶의 질이 높아지듯 영업도 수월해짐은 분명하다. 이 책이 영업을 성공으로 이끌어주는 수많은 책 중 한 권일지 모른다. 하지만 결과보다 과정의 중요성을 이해하게 함으로써 바른 영업인의 자세를 갖게 할 것이다. 이것이 가능해지면 원하는 성과는 자연스레 따라오는 덤이다. 부디 기본을 익혀 당신의 성장과 성공을 이루길 소망한다.

기본의 가치를 전하는
사람 중독 코치 **이정현**

목차

프롤로그 영업의 마스터키는 기본 매뉴얼입니다 · 6

PART 01 영업의 가치를 높여라

01 영업, 어떻게 시작하는가? · 17

02 무엇을 팔고 있는가? · 23

03 영업의 꽃임을 인정하라 · 27

04 품격 있는 영업을 펼쳐라 · 32

05 가치는 나로부터 비롯된다 · 36

PART 02 영업의 시작은 매뉴얼이다

01 가치를 담은 매뉴얼 · 45

02 성과를 높이는 매뉴얼 · 50

03 정답보다 해답에 집중하기 · 54

04 매뉴얼 적응하기 · 57

05 시작 매뉴얼 & 마무리 매뉴얼 · 63

PART 03 영업의 성과를 달성하는 비밀 매뉴얼

01 영업의 성과는 기본부터 · 71

02 월 3,000만 원 달성하기 · 77

03 모소대나무 마디 만들기 · 83

04 맨땅에 헤딩하기 · 88

05 딱 2%만 다르게 · 93

PART 04　영업의 가치를 높이는 비밀 매뉴얼

01 일단 문 두드리기 · 103

02 정보를 전달하는 사람 · 108

03 스스로 피드백하기 · 113

04 적자생존의 정신으로 · 118

05 연습이 가져다준 열매 · 129

PART 05　성공한 사람들이 지킨 기본

01 기록을 통한 월 3,000만 원 · 141

02 아침 7시에 시작하는 골드멤버 · 149

03 스스로 학습이 가져다준 전문성 · 158

04 매일 출근의 힘을 보여준 팀워크 · 164

05 편지 쓰기로 명품이 된 LC · 170

PART 06　진짜 비밀의 진실

01 기본에 충실합시다 · 179

02 강력한 무기, 꾸준함 · 185

03 나는 날마다 나아지고 있다 · 189

04 오늘만 삽니다 · 196

05 일 잘하는 사람보다 오래 하는 사람 · 203

에필로그　일 중독 육성코치에서 사람 중독 코치로　210

PART 01

영업의 가치를
높여라

영업, 어떻게 시작하는가?

"위대한 일을 하는 유일한 길은
당신이 사랑하는 일을 하는 것이다."

– 스티브 잡스(Steve Jobs)

보험 영업은 대부분 누군가의 소개로 시작한다. 상품 안내와 함께 보험 영업의 장점을 설명하는 것에서 출발하는데 자유로운 시간, 노력한 만큼 벌어갈 수 있는 시스템을 강조한다. 그렇다고 모든 사람이 그 길을 선택하지는 않으며, 실제로 발을 들여놓게 되는 데도 여러 가지 유형이 있다.

먼저 가장 흔한 유형으로, 가벼운 식사 자리에서 결정하는 경우다. 보험 영업을 하는 지인이 "지점장이 식사 한 끼 하고 싶어 한다"며 연락이

와 편하게 나오라고 한다. 거부감 없이 함께 식사한 후 티타임을 가지며 본격적인 대화로 이어진다. 같이 일해보면 어떻겠냐며 시험 날짜를 알려준다. 보험 공부하는 셈 치라는 말이 부담스럽지 않은 데다 지인의 면목을 생각해 거절하지 못하고 일어선다. 그중 일부가 궁금증에 공부를 시작한다.

다음으로 보험금 시스템에 대한 불만이 생겼을 때다. 보험금을 청구했는데 해당 사항이 없다는 이유로 발급되지 않아 직접 공부해서 보험을 제대로 활용해보겠다며 보험사를 찾아간다. 어떤 경우든 보험금 청구가 가능하다는 담당 설계사의 말을 철석같이 믿고 가입, 사고 후 적은 금액이라도 받을 수 있으리라 생각했는데 한 푼도 못 받거나, 기대 이하의 금액이 지급되는 황당한 상황과 마주한 것이다. 이때, 설계사를 원망하다가 다른 설계사의 시간적·경제적 자유 등 보험 영업의 장점을 곁들인 권유가 귀에 들어온다.

그러나 다부지게 마음먹고 시작했는데 만만치 않다. 자격시험부터, 넘어야 할 산이 너무 많다. 전문용어는 아무리 봐도 익숙해지지 않고 흰 것은 종이, 검은 것은 글씨라는 생각밖에 들지 않는다. 어디 그뿐이랴. 졸업한 지도 한참이라 앉아 있는 것만으로도 괴롭다. 오전 10시부터 오후 5시까지 기본 교육을 받는 일주일의 시간이 천년만년처럼 느껴진다. 그렇다고 포기할 수도 없다. 소개자, 코치, 지점장 모두 미안할 정도로 잘해주니 열심히 공부해 자격시험에 반드시 합격해야 한다는 마음이 절로 든다. 게다가 여러 교육생 가운데 나만 떨어지는 창피함을 당할 수 없어 늦은 밤도 고사하고 때로는 주말까지 투자하는 열정을 보인다.

그 과정을 무사히 통과하면 본격적인 업무 안내를 받는데, 아침 9시까지 출근해 오후까지 이어지는 커리큘럼에 따른 교육 과정에 참여해야 한다. 이러한 학습과 영업을 병행해야 하는 기간이 짧게는 4개월, 길게는 12개월이 소요된다. 자격시험을 치르기 전부터 또는 자격시험을 준비하는 동안 영업에 대한 마음을 갖고 시작한 사람은 그 시간을 받아들이지만, '자격시험만 한번 쳐볼까?' 했던 사람은 시간이 지날수록 버거움을 느낀다. 업무에 집중하지 못하는 것은 둘째치고 갑자기 일이 생겼다, 아이가 아프다 등 오만 가지 핑계로 출근 시간도 제대로 지키지 못한다.

그렇게 몇 번 빠지게 되면 일을 잘하지 못할 것 같다는 두려움, 끊임없이 공부해야 한다는 버거움 등 자신감을 잃은 여러 감정이 물밀 듯이 밀려온다. 마치 내가 할 수 없는 일처럼 여겨지는 것이다. 익혀야 할 상품은 어찌나 많은지…. 자동차 보험, 화재 보험, 실손 보험, 운전자 보험, 암 보험, 건강 보험, 치매 보험, 유병자 보험 등 분야만 해도 열 손가락으로 부족하다. 엎친 데 덮친 격으로 주변에서는 "요즘 보험 없는 사람 있냐", "보험 하다 빚진다", "차라리 다른 걸 해라"라는 말로 왜 그리도 반대하는지 하루에도 수백, 수천 번 갈팡질팡한다. 결국, 상황을 이겨내지 못하고 포기하고 만다.

수년 동안 보험 영업사원을 육성하는 코치로 활동하고 있는 나조차 주변의 반대와 함께 이 길에 들어섰다. 가족은 물론, 주변 지인 대부분이 뜯어말렸다. 그 외 1~2명은 '얼마나 버티나 두고 보자'라는 눈빛이었다. 그럼에도 불구하고 나는 '모두가 하지 말라고 하는 일을 10년, 20년 하는 사람은 무슨 이유로 하는 걸까?' 하는 호기심으로 뛰어들었다. 어쩌면 모두가 NO를 외칠 때 YES라 하고 싶은 청개구리 기질이 튀어나온 것일 수도 있다. 또 길고 긴 인생에 몇 개월 투자하는 것이 아깝다는 생각이 들지 않았다. 물론 쉽지 않았다. '한번 해볼까?'라는 두루뭉술한 마음가짐과 막연한 기대감뿐이었으니 그럴 만도 했다. 예상치 못한 일은 왜 그리 자주 생기던지…. 그랬던 내가 15년 차 보험 영업인이 되어 있다.

한편, 설령 '이왕 시작한 거 돈 벌어보자'는 다짐을 단단히 해도 장애물은 시시때때로 생긴다. 예를 들면, 전산 업무다. 컴퓨터 자판 한번 두드려보지 않았던 사람이 독수리타법으로 겨우겨우 접속했더니 모르는 용어가 수두룩하다. 알아야 판매할 수 있다고 하니 이해하려 애를 써보지만, 재미가 없다. 누군가 대신해줬으면 하는 마음이 자꾸만 생긴다. 나는 고객에게 전달만 하고, 제삼자가 설명도, 설계도 해줬으면 한다. 물론 모두에게 일어나는 현상도 아니고, 절대 안 될 일이다.

스스로 연습하며 터득해야 한다. 시간이 지나면 그 누구도 대신할 수 없으며, 자신의 이름으로 나가는 계약서다. 너무 기본적이고도 잘 아는 사실이지만 이런 이야기들이 불편하다. 이유는 단 하나다. 보험 영업이라는 것을 직업으로만 보기 때문이다. 다시 말해, 돈 버는 일로만 받아들임으로써 돈을 벌려면 상품을 외워야 하고, 전산을 다룰 줄 알아야 하며, 계약을 성사해야만 한다고 생각하는 것이다.

하루가 멀다고 보험 영업을 힘겨워하는 사람에게 묻고 싶다. 세상의 수많은 직업 중 단순하게 돈 버는 행위로만 분류할 수 있는 일이 얼마나 있느냐고. 그렇다고 보험 영업을 거창하게 포장하려는 의도는 아니다. 다만 보험은 눈에 보이지 않는 무형의 제도로 존재한다는 점을 언급하고 싶다. 눈에 보인다면 만져볼 수도 있고, 사용해볼 수도 있고, 마음에 들지 않으면 반품도 할 수 있으며, 쓰다 버릴 수도 있다. 그러나 보험은 상품이 아닌 보험이 가진 가치를 판매하는 일이다. 사전에서도 '미래에 예측할 수 없는 재난이나 사고의 위험에 대비하고자 생긴 제도'라고 정의하고 있다. 상품이 아닌 제도라는 것이다. 그런데 사람들은 자꾸만 상품으로 판단한다. 그러니 계약만 하면 그만인 것으로 치부하는 오류를 범한다.

보험은 노후를 준비하는 유일한 제도다. 교육 현장에서도 수익에만 목적을 두고 상품 교육을 하는 경우를 종종 본다. 그렇다고 상품 교육이 나쁘다는 뜻은 아니다. 가치에 대한 교육 없이 상품으로만 다가가면 상품이 타사보다 안 좋으니 나는 판매를 못 한다, 나는 상품을 모르니 할 수 없다, 나는 계약을 못 할 거 같으니 그만두겠다 등의 핑계가 터져 나오고 만다. 상품, 즉 보이는 것에만 집중하면 일에 의미를 둘 수가 없다.

　비단 보험 업계에만 해당하는 사항이 아닐 것이다. 내가 몸담은 일에 대한 본질과 그 가치를 어떻게 생각하느냐에 따라 나의 모습이 달라진다. 본래의 모습은 변하지 않기 때문이다. 다시 말해, '나는 어떤 모습으로 살고 싶은가?'에 대한 답을 먼저 해야 한다. 그것이 확실해야 중심을 바로잡을 수 있다. 여태껏 생각해보지 않았다면 지금부터 답을 찾아나가도 좋다. 그러나 반드시 답을 찾아야 한다. 그것이 오늘과 다른 내일의 나를 만들어줄 것이다.

02

무엇을 팔고 있는가?

"보이는 것에 휘둘리지 않고
근본과 본질을 볼 수 있어야 한다."

– 공병호

영업의 사전적 의미는 영리를 목적으로 하는 사업 또는 그런 행위다. 화장품, 정수기, 자동차 등 우리 생활과 밀접하게 연결된 모든 상품이 영업을 통해 사고팜으로써 이뤄지고 있다. 그런데 일상의 바탕인 영업을 나의 일이라 여기는 사람이 과연 몇 명이나 될까? 영업직 선택 후 제대로 뿌리내리기 전부터 당황스러워하고 흔들리는 이를 굉장히 많이 보게 된다.

대부분 영업이라 하면 갑이 아닌 을이 되어 누군가에게 부탁해야 하고, 자존심을 내세워서는 안 되며, 구매 의사가 없는 상품을 보기 좋게 포장해 고객의 지갑을 열어야 하는 이미지를 먼저 떠올리기 때문이다. 하지만 이는 영업의 본질보다 행위만을 두고 판단하는 데서 오는 오류다. 물론 사전에서도 영리를 목적으로 한다고 정의하고 있지만, 행위에만 초점을 맞춘다면 지속적인 성장은 어려울 것이다.

이처럼 영업에 대한 고정관념으로 많은 사람이 그에 대한 부담을 안고 있지만, 때때로 삶을 영업으로 표현하기도 한다. 만일 행위로만 본 영업을 삶에 빗대면 그 표현은 지극히 부담스러울 것이다. 반면 영업의 본질, 상호작용의 반복이라는 입장에서 바라보면 누구나 영업 속에서 살아가고 있음을 알 수 있다.

예를 들어, 교사는 영업사원은 아니지만 그가 만나는 마트, 음식점, 세탁소 등을 운영하는 대표는 모두 영업인이다. 이로써 교사는 그들과 관계를 맺음으로써 영업의 한 축으로 자리 잡는다. 그리고 시간이 흘러 퇴직해 자영업을 하게 되면 영업 현장에 뛰어들게 된다. 이처럼 우리는 언제 영업인이 될지 알 수 없다. 또 동일하게 가르치는 일이라 하더라도 학교에 소속된 교사는 영업과 거리가 멀지만, 학원·과외 강사는 직접적인 영업을 할 수밖에 없다.

기업에도 영업을 전문으로 하는 부서가 있다. 시대의 변화와 함께 해당 기업을 성장시키며 수익 창출을 담당한다. 중요한 것은 '무엇을 영업할 것인가'를 분명하게 설정해야 한다는 점이다. 이것은 기업뿐만 아니라 개인 영업자도 마찬가지다.

'판매를 위한 영업을 할 것인가?', '가치를 남기는 영업을 할 것인가?'에 대한 질문을 하면 처음에는 다들 후자를 선택하지만, 업무에 익숙해지면 차츰 수익만을 좇고 있는 자신을 발견하게 된다. 의미는 사라지고 목적만이 남는 것이다. 더불어 성과가 나지 않고 제자리걸음을 하게 될까 봐 두려워하고 그 상황을 마주하면 초조해하기까지 한다. 어떠한 일이든 잠시 쉬어가며 숨 고르기도 해야 하는 법인데 이를 견디지 못한다. 하늘을 올려다볼 여유조차 없이 늘 바쁘다. 오로지 수익만이 머릿속을 채우고 있고 처음의 마음은 온데간데없다. 정성을 다해 관계를 맺던 모습도 사라졌다가 어느 순간 잊었던 진심이 드러나면 당황스럽다. 나만 그런가 하는 마음에 지나온 시간을 돌이켜보게 된다.

누구나 출발선에 서면 야심 찬 다짐을 한다. 나 역시 보험 영업 세계에 처음 발을 내디뎠을 때는 타인의 생명 안전과 노후를 준비하겠노라고, 그리고 육성코치가 되었을 때는 삶의 변화를 원하는 후배들을 열정적으로 안내해 그들이 지금보다 시간적·금전적·정신적으로 여유로워지기를 희망했다.

그러나 나도 모르는 사이 성과에만 집중해 다른 사람이 하는 평가에 흔들리고, 인정의 소리가 들리지 않으면 '잘못하고 있구나!' 하며 자책

하던 때가 있었다. 1등, 2등 순위를 다투며 삶의 변화를 돕는 사람이 되겠다던 의지는 약해져 있었다. 어김없이 슬럼프가 찾아왔다.

성과와 성공의 잣대는 자꾸만 달라지고 나의 의지대로 되는 것이 아니기에 힘겨운 마음에 시간을 거슬러 올라가 보니 처음의 마음을 지키지 못한 내가 있었다. 이래서 다들 '처음처럼'이라는 네 글자에 열광하나 보다 싶었다.

자, 다시 묻는다.

"당신은 무엇을 영업하고 싶은가? 또, 무엇을 판매하고 싶은가?"

03

영업의 꽃임을 인정하라

"그대의 가치는 그대가 품고 있는
이상에 의해 결정된다."
– 발타자르 그라시안(Baltasar Gracian)

보험 영업, 쉽지 않은 분야임은 분명하다. 눈에 보이는 상품을 판매하는 것도 쉽지 않은데, 무형의 상품을 전달하고 판매해야 하니 호락호락하지 않은 게 당연하다. 더욱이 코앞의 일도 아닌, 미래를 대비한 것이라 더 어렵다. 입장 바꿔놓고 일면식도 없는 사람이 한 치 앞도 모르는 상황을 위해 매달 일정 금액을 투자하라고 하면 선뜻 응할 수 있을까? 아니, 오랜 세월 관계 맺어온 지인이라 할지라도 수긍하기 어렵다.

가면 갈수록 첩첩산중이다. 상품 공부 외에도 전산 업무도 익혀야 하고, 주변 반응이 냉담하기까지 하니 속이 타들어간다. 내가 보험 영업을 시작했다는 소식을 들은 이들은 보험의 'ㅂ'자도 꺼내지 않았는데 연락하면 "나 보험 많아", "나 그런 거 안 해"라고 한다. 굳은 결심으로 시작했다 하더라도 이것이 계속 쌓이면 지치고 눈물까지 난다.

나라고 별반 달랐겠는가. 응원은커녕 "할 말 다 하고 사는 네 성격에 다른 사람에게 말이라도 꺼낼 수 있겠냐?"며 한사코 말렸다. 또 보험 하면 빚진다느니, 이혼당한다느니 별의별 카더라 통신을 늘어놨다. 지금 생각하면 근거 없는 이유들로 나를 막아선 것이다. 그럼에도 불구하고 청개구리 기질이 발동한 나는 덤벼들었다. 또 '이토록 반대하는 보험 영업을 10년, 20년 이어가는 사람은 도대체 어떤 인물일까? 비결은 무엇일까?' 하는 호기심도 있었다. 그에 더해 전직인 비서 직업 특성상 영업인을 만날 기회가 많지 않았던 것도 한몫했다. 그 세계를 전혀 알지 못했으니 용감했던 것이다.

나는 궁금했다. 많은 사람이 꺼리는 길이고, 도시락 싸 들고 다니며 말릴 만큼 부정적이지만, 여전히 보험 영업은 오랜 세월 동안 존재하고, 심지어 대기업으로 자리 잡고 있다. 이는 국내뿐만 아니라 해외도 마찬가지다. 분명 대중이 모르는 비밀이 있다고 믿었고, 이를 찾고 싶었다. 그 답을 찾은 나는 이제 보험 영업을 시작하는 이들에게 묻는다. "보험 영역이 사라지면 대체할 장치가 존재하는가?"라고. 그 누구도 속 시원하게 "있다"라고 답하지 못한다. 물론 백만장자는 돈으로 해결할 수 있다. 하지만 교통사고로 긴 시간 병상에 누워 있어야 한다든지, 암을 비롯한 중대 질환으로 거액의 치료를 받아야 한다든지, 화재로 순식간에 사업장 운영이 어려워진다든지 하는 수백, 수천만 원이 발생하는 예상치 못한 일과 마주했을 때, 즉각적으로 처리할 능력을 갖춘 사람이 몇 퍼센트나 될까?

노후 대비도 예외가 될 수 없다. 사람은 태어나 유년기-소년기-청년기-장년기의 과정을 거쳐 죽음에 이른다. 나이가 드는 것은 그 누구도 피할 수 없고, 그에 따라 질병을 앓게 된다. 장례를 치러야 하니 죽어서도 돈이 든다. 보험은 이를 대비한 것으로, 나의 내일을 준비하는 막강한 도구다. 특히 최근에는 의료 기술의 발달로 생명이 연장되고, 돈의 가치가 달라지면서 보험이 지니는 가치가 더 높아지고 있다. 보험 하나만 잘 들어놔도 든든하다는 말이 나올 정도다.

심사숙고해 가입한 보험을 잘 유지하는 것, 보험료 청구 시 제 역할을 잘하는 상품에 가입하는 것만큼 중요한 것이 없다. 즉 보험 가입, 유지, 보험료 지급의 3박자가 잘 운영되어야 하는데, 이를 책임지는 것이 보험설계사다. 그런 점에서 보험설계사는 고객의 삶을 책임지고 만들어가는 사람이다. 그렇다 보니 업무에 적응할 때까지 무엇 하나 쉬운 게 없다. 어깨도 무거운데 공부해야 할 것도 많고, 시장의 흐름도 파악해야 한다. 아니, 시간이 흘러도 익숙해질 뿐 어려운 건 매 한 가지다. 그러므로 첫 훈련 기간에 제대로 교육받아야 한다.

나는 내가 진행하는 육성 과정을 어린이집·유치원 또는 훈련소라고 표현한다. 아이가 태어나 첫 사회 경험을 하게 되는 곳이 어린이집과 유치원이다. 여기서 생활 습관을 바로잡지 못하면 잘못 자리 잡은 버릇을 고치기 어렵다. 그만큼 어린이집과 유치원의 역할이 크다. 또한, 군대에 잘 적응할 수 있도록 자대 배치받기 전에 거치는 곳이 훈련소다. 어엿한 군인이 되기 위해 준비할 시간을 주는 것이다. 비단 그 시간이 어린이, 군인들에게만 해당한다고 할 수 없다. 어떤 회사든 입사 후 수습 기간이 있고, 인턴 제도를 실시하기도 한다. 제아무리 야심 차게 출발을 외쳤다 하더라도 시작을 할 때는 저마다의 어려움이 존재하므로 몸과 마음에 근육을 단단하게 채워주려는 것이다.

'시작'은 분명 설레는 일이지만 동시에 두렵게 만드는 단어다. 어떤 마음가짐과 습관으로 임하느냐에 따라 설레기도 하고 두렵기도 하다. 보험 영업은 '나와 연결된 이들에게 보험의 가치와 정보를 전달하겠노라'라는 처음의 마음을 잘 지켜나가면 된다.

더불어 마무리는 고객이 한다는 원칙에서 벗어나지 않으면 된다. 나의 잣대, 지레짐작으로 정리해서는 안 된다는 뜻이다. 보험 영업인은 때로는 분석가가, 때로는 점검자가 되어 고객이 위기에 처하더라도 당황하지 않고 잘 이겨낼 수 있도록 내일을 준비할 수 있게 보험의 가치만 전달하면 된다. 그렇게 한 발, 한 발 나아가며 고객과 동반 성장하는 것이 보험 영업인이 할 일이다. 또 10년, 20년 그 이상 멀리 내다볼 수 있는 비결이기도 하다.

나는 이것을 끊임없이 강조, 또 강조하며 후배들을 배출하고 있다. 그렇기에 보이지 않지만, 그 무엇으로도 대체할 수 없는 보험 영업을 영업의 꽃이라 당당히 말한다.

04
품격 있는 영업을 펼쳐라

"다른 사람의 이야기를 진지하게 들어주는 경청의 태도는
우리가 다른 사람에게 나타내 보일 수 있는 최고의 찬사 가운데 하나다"
– 데일 카네기(Dale Carnegie)

영업의 가치는 어디에 둬야 할까? 고객이다. 고객 스스로 가치를 알아보고, 인정하며, 구매까지 한다면 보람을 느낀다. 특히 구매할 의사가 없는 고객의 마음을 돌이키면 그 감정은 배로 돌아온다. 또 그 횟수가 늘어날수록 당사자는 전문가다운 모습을 갖추며 가치도 자연스럽게 올라간다.

세계적인 비즈니스 컨설턴트 브라이언 트레이시(Brian Tracy)는 성공하는 판매원의 조건으로 다음의 여덟 가지를 제시한 바 있다.

1. 긍정적인 자세

2. 호감을 주는 사람

3. 신체적 건강과 활기 있는 모습

4. 상품에 대한 완전한 이해

5. 가망 고객 발굴과 접근 능력

6. 훌륭한 상담 기술

7. 거절을 다루는 능력

8. 시간 관리 기술

결국, 영업은 전달하는 사람의 모습에서 결정된다. 그런데 다른 무엇보다 고객의 소리에 귀 기울이는 자세가 갖춰져 있어야 한다. 즉, 경청이 핵심이다. 왜냐하면 고객에 대한 공감과 원활한 소통이 이뤄지면 좋은 관계는 물론, 성과가 뒤따라온다. 모든 답을 쥐고 있는 고객, 본질에 집중하라는 것이다.

현대 사회는 빠르게 변화하고, 개인주의 성향이 짙어지면서 대화할 대상이 사라지고 있다. 누군가 나의 이야기를 들어줬으면 하지만 막상 터놓을 곳이 없다. 이 같은 현실이 지속되면서 많은 이가 외로움을 호소한다. 인간은 본디 사회적 동물이거늘 관계의 결핍을 안고 살아간다. 그런데 마냥 들어주기만 하면 될까? 그 또한 아니다. 마음이 통해야 한다. 만약 차별화된 영업을 하고 싶다면 경청이라는 옷을 입고 현장에 나가면 된다. 단순히 귀만 열어서는 안 된다. 심신이 고객에게 향해 있어야 한다. 그로써 입으로 전하는 소리를 듣고, 그가 전하고자 하는 메시지까지 이해하는 교류를 해야 한다. 내가 하고 싶은 말이 있다 하더라도 자제하고 고객이 하는 이야기를 먼저 들은 다음, 해결책을 제시해야 한다.

경청이 제대로 되면 영업의 품격도 높아진다. 경청은 상대방의 마음을 읽어내는 능력을 기본적으로 동반하므로 상대를 공감하면서 신뢰의 바탕이 된다. 영업인의 경우, 진솔한 커뮤니케이션이 형성됨으로써 닫혀 있던 고객의 마음을 열게 한다.

나는 늘 고객이 듣고 싶은 이야기를 먼저 해주라고 한다. 수많은 보험 영업인이 고객이 기존에 보유하고 있는 상품을 점검하며, 부족한 부분만을 꼬집고 또 꼬집으며 재설계를 권유한다. 자신이 판매하는 상품과 비교하며 안 좋은 점을 자꾸만 들춰낸다. 사실 시대가 변하고 환경이 바뀌면서 빈틈이 생기는 게 당연하다. 처음에는 손해가 생기더라도 재가입을 하지만, 그 횟수가 반복되면 설명조차 듣고 싶지 않게 된다. 그래서 지인이 보험 영업을 시작했다고 하면 만나기를 꺼린다.

잘못했다는 소리를 듣고 싶은 사람은 없다. 고객도 마찬가지다. 그저 객관적인 사실과 내가 가입한 보험에 대한 보장성을 듣고 싶을 뿐이다. 품격 있는 보험 영업이 이뤄지려면 내 앞에 앉아 있는 고객이 가입한 상품의 특징, 보장받는 방법, 놓치고 있는 보험금 등부터 알려주는 것이 우선이다. 그래야 고객은 '내가 이렇게 가입되어 있구나', '보장은 그렇게 받는구나' 하며 안심한다. 그 뒤 법령에 따라 대응해야 하는 운전자 보험, 다중이용업소, 옥외광고물 설치 업자 배상책임, 풍수해 보험 등 의무적으로 가입해야 하는 것을 안내하면 추가 가입이 일어난다. 요약하자면 공감이 밴 경청이 가능하면 품격 있는 영업이 가능하다는 것이다.

영업의 품격을 높일 수 있는 또 하나의 요소가 있다. 바로 전문성이다. 고객 스스로 가치를 인정하고 구매하게 하는 힘은 판매자의 전문성에 의해서도 결정된다. 전문성은 훈련이다. 얼마나 상품에 대해 이해하고 전달력이 있느냐에 따라 고객의 믿음이 판가름 난다. 고객은 언제나 지켜보고 있기 때문이다. 아무리 말로만 전문가라고 떠들어도 고객은 다 알고 있다.

시작은 어렵겠지만 경청, 공감, 전문성은 학습하면 실력이 향상되는 것을 느낄 수 있다. 그러니 무엇보다 시간 투자를 해야 한다. 그 시간에 따라 나의 모습도, 성과도 달라진다. 영업이 개인 사업이라지만, 일반 회사원 대비 업무에 쏟는 시간이 얼마나 되는지 한번 점검해볼 필요가 있다. 1명의 고객을 만나기 위해 몇 시간을 준비하는가? 전문가로 성장하기 위해 어떤 노력을 하는가? 스스로 피드백하는 시간을 반드시 갖길 바란다.

가치는 나로부터 비롯된다

"참다운 열정이란 꽃과 같아서
그것이 피어난 땅이 메마른 곳일수록 한층 더 아름답다."

– 오노레 드 발자크(Honore de Balzac)

가치는 스스로 만드는 것이다. 그 누구도 대신해주지 않는다. 내가 가치를 느끼지 못한다면 고객에게도 전달되지 않는다. 그렇다면 가치는 어떻게 만들어지는 것일까? 바로 판매자의 열정이다. 만일 판매자가 상품에 대한 신뢰와 믿음 없이 판매만 하려고 한다면, 고객 입장에서는 구매 의사가 있었다 하더라도 지갑을 열고 싶은 마음이 사라지기 마련이다. 최소한 판매자라면 내가 판매하는 상품이 1등이라고 자신 있게 이야기할 수 있어야 한다. 그것이 바로 열정이다.

또 상품을 안내하면서 눈을 못 마주친다거나, 말을 더듬는다거나, 상품에 대한 정보가 부족하다면 고객은 어떨까? 판매는커녕 상품이 지닌 가치를 전달하기도 벅차다. 설령 상품에 대한 설명을 번지르르하게 하더라도 불안함이 느껴지는 경우도 마찬가지다. 반면 어딘가 모르게 미흡한 듯하지만, 확신에 찬 눈빛, 힘 있는 목소리라면 상황이 달라진다. 점점 그 사람의 열정에 빠져들어 상품을 선택하게 된다. 판매자의 모습에서 고객이 판단하는 것이다.

그렇기에 나는 영업을 처음 시작하는 교육생들에게 옷차림부터 다르게 하라고 한다. 지인으로 만날 것인지, 고객으로 만날 것인지 선택하라는 뜻이다. 만일 영업이 목적인데 지인을 만난다는 생각으로 편안한 복장으로 나간다면, 상대방이 전문성을 느낄 리 만무하다. 더욱이 나의 미래를 책임질 보험을 책임질 사람인데, 전문가의 느낌이 전달되지 않으면 맡기고 싶지 않은 게 당연하다. 그러므로 전문가의 모습을 보여야 하는 날에는 정장을 차려입고 나가는 것이 좋다. 아니, 필수다. 이동 시간도 정확히 계산해서 전문가 vs 고객으로 만나야 한다. 일은 일답게 해야 한다는 뜻이다. 물론 편안한 자리도 있어야 한다. 매번 업무적인 관계로 만나면 피곤해진다. 또 나에게 계약한 사람들은 적어도 나의 편이니 긴장을 풀고 만나도 괜찮다. 같은 사람이지만 복장에 의해 다른 이미지를 전달함으로써 새로운 가치가 생겨난다.

시간 관리를 어떻게 하느냐에 따라서도 열정이 달라진다. 영업인의 장점 중 하나는 시간의 자유로움이다. 아침에 출근해 미팅 또는 교육 이후는 자유시간이다. 그 후 시간은 누구도 터치하지 않는다. 곧장 퇴근해 온종일 뒹굴뒹굴해도 꾸중하는 사람 없다. 그렇기에 영업인이라면 주어진 시간을 가치 있게 채워나가야 한다. 이 또한 제삼자가 대신해줄 수 없는 영역이다.

나 역시 어려웠다. 지인을 만나 식사하고, 차 마시며 그들이 하는 이야기를 다 들어주고 가자는 곳 따라다니는 것이 잘하는 것인 줄만 알았다. 뒤늦게 깨달았다. 늘 여유로워 보이는 나를 신뢰할 수 있을까? 열정적인 의지가 전달될까? 전문성이 느껴질까? 아니었다. 그때부터 나는 시간 관리에 들어갔다. 고객 1명당 할애 시간은 최대 2시간, 약속 시간 10분 전 도착하기, 상담 시작 전 나의 이야기에 10~15분 집중해줄 것을 요청하기 등. 대부분의 지인이 낯설어했지만, 다이어리를 펼쳐 일정표를 보여주며 전문가다운 모습을 꾸준히 노출시켰더니 함께 변화했다. 특히 다른 사람을 소개할 때도 나의 스케줄을 먼저 물어봤고, 지금도 유지되고 있다.

사명감도 열정의 온도를 높여준다.

선서!

보험의 본질은 가족을 사랑하는 마음입니다.

우리가 하는 일은 이 세상의 모든 가정에 마음의 평화와 경제적 안정이라는 보험의 진정한 가치를 전달하는 것입니다.

우리 LC는 보험을 통해 이 세상에서 가장 숭고한 사업을 하는 것을 자랑스럽게 생각합니다.

우리는 우리의 믿음을 실천하기 위해서 항상 봉사하고 헌신할 것을 다짐합니다.

첫 입사 후 교육 기간 동안 매일 아침 위와 같은 선서를 외친다. 여기에는 보험 영업인으로서의 사명감이 담겨 있다. 그러나 사람은 망각의 동물이다. 목소리 높여 외쳤던 선서가 어느새 가물가물해진다. 그 어디에도 상품 판매에 집중하라고 되어 있지 않은데, 보험의 진정한 가치를 전달하는 전문가가 아닌 판매자가 되어 있다. 보험뿐만 아니라 영업의 본질은 가치 전달이거늘 자신도 모르는 사이 눈에 보이는 결과물에만 집착한다. 그 사실을 알았을 때 다시 한번 '나는 가치를 전달하는 사람'이라는 사명감을 되새기길 바란다. 그 사명감에 의해 고객의 내일이 달라진다.

사명감이 무겁게 느껴진다면 책임감으로 받아들이면 된다. 나 역시 신입사원들에게 책임감을 가지라고 한다. 다른 무엇보다 나에게 처음 계약한 고객과의 약속을 지키기 위한 책임감. 그 고객은 상품에 대한 가치를 평가하기보다 영업인 당사자를 응원하는 마음이 컸을 것이다. 그러니 첫 계약이 유지되는 동안 착실히 관리하겠다는 책임감이 있다면 그 다짐이 커져 사명감이 된다.

내가 육성팀장에서 육성코치로 호칭이 바뀌어도 변하지 않았던 사명감은 '인생의 변화를 원하는 사람들을 정착시켜 변화하게 하는 사람'이었다. 한 사람의 인생을 긍정적인 방향으로 이끈다는 사명감만큼 더 값진 것이 있을까. 그 숭고함에 나의 열정은 자꾸만 뜨거워진다.

PART 02

영업의 시작은
매뉴얼이다

01

가치를 담은 매뉴얼

"기본이 서면
나아갈 길이 생긴다."
– 이기주

 '매뉴얼'의 또 다른 이름은 사용설명서로, 특정 제품 및 시스템을 사용하는 데 도움이 되는 서식을 뜻한다. 이 외에도 이 단어가 통용되는 곳이 있으니 회사다. 기업마다 그곳 문화에 적합한 매뉴얼을 작성해서 그에 따르도록 한다. 영업도 예외가 아니다. 하지만 상품을 구매해 매뉴얼을 제대로 읽어보지 않는 사람이 있듯, 영업 매뉴얼도 세세하게 살펴보지 않는 사람이 많다. 중요한 것은 상품에 대한 매뉴얼을 숙지하지 않았을 때 상품이 고장 나면 난처하듯, 영업 매뉴얼을 대수롭지 않게 생각하면 큰코다칠 일이 분명 생긴다. 그럼에도 불구하고 왜 많은 이들이 영업 매뉴얼의 중요성을 간과하게 될까?

우선 영업직 특성상 자유롭다. 그러니 개개인 특성에 따라 하나부터 열까지 꼼꼼하게 자기 것으로 만드는 사람도 있고, 매뉴얼을 쉽게 여기고 임기응변으로 대응하는 사람도 있다. 또 시대 변화의 영향을 많이 받는다. 다시 말해, 그때그때 이슈에 따라 변동 사항이 생기니 매뉴얼을 익힐 여유가 없는 것이다. 새로운 상품이 나오면 홍보해 판매하고, 또 다른 신규 상품이 나오면 그 상품 판매에 집중하다 보면 매뉴얼의 존재는 서서히 잊어간다. 그런데 이 과정 중에, 고객은 고객대로, 판매자는 판매자대로 부담감을 느낀다는 것이 문제다. 새로운 상품이 출시될 때마다 고객은 리뉴얼 또는 상품 추가에 대한 고민, 개척하지 못한 판매자는 기존 고객에게 설명해 계약을 끌어내야 한다는 걱정. 이것이 쌓이고 쌓이면 결국 일이 터지고 만다.

옛날이야기지만 불과 몇 년 전만 해도 우스갯소리로 '영업사원 집 방한 칸은 판매 상품 재고로 가득하다'라는 이야기가 있었다. 그래서 나는 더더욱 기초 매뉴얼이 있어야 한다고 생각한다. 그것이 뿌리내리면 새로운 환경이 등장하고, 새로운 상품이 출시되어도 자기 자리를 지킬 수 있는 힘이 생긴다고 믿기 때문이다. 그리고 그것이 영업인들이 가장 원하는 꾸준한 성과와 평생 직업으로 이끌어주리라 확신한다.

그렇다고 형식적인 매뉴얼을 의미하는 것은 아니다. 같은 매뉴얼이라도 가치를 담아야 한다. 가치란, 영업인의 소속감과 주인의식을 의미한다. 즉, 단순히 기업을 대신해 상품을 판매하는 것이 아닌, 본인 이름을 걸고 하는 일임을 인지해야 한다. 고객 입장에서도 기업보다 판매자의 관계, 신뢰, 전문성을 보고 구매를 결정하는 경우가 많다. 또 시간이 흘러도 기업보다 판매자에 대한 이미지가 더 오래 남는다. 그렇기에 영업은 나의 생각과 의지를 판매하는 것이라고 볼 수 있다. 실제 보험 영업 현장에서도 자기 이름을 내세워 브랜드가 된 사람이 있다. 한마디로 정리해 내가 상품의 주인이 되는 것이다.

한편 야심 차게 시작했더라도 소속감과 내가 주체가 되어야 한다는 생각이 없으면 현장의 영업인은 주저하게 된다. 신입 설계사들이 "잘 몰라서요", "아직은 자신이 없어서요" 등의 말을 많이 하는 것만 봐도 알 수 있다. 재미있는 것은 이런 말을 쉽게 하면서도 노력을 안 한다. 일반 회사원처럼 진짜 일로 생각하지 않고 하루 8시간 투자하지 않는 것이다. 입사 후 본격적으로 시작하기도 전에 생기는 수많은 사건·사고도 내가 주체가 아니라서 오는 문제다. 만일 본인이 주인이고 대표라면 핑곗거리가 생길 수 있을까?

그래서 나는 매뉴얼의 제일 0순위를 출근으로 둔다. 주인의식은 출근의 여부에 따라 나타나기 때문이다. 대다수 성공한 영업인의 출근 시간은 이른 시간이다. 아침 6시가 채 되지 않았는데 정장 차림으로 매장의 유리창을 닦는 사람들을 종종 볼 때가 있다. 그들은 못 해도 새벽 4~5

시에 일어나 하루를 열었다고 볼 수 있다. 퇴근 후에는 에너지를 소비했으니, 휴식 후 새벽에 에너지를 발산하는 것이다. 모두 잠들어 있는 시간에 집중하기 위해서다. 물론 일반 회사원처럼 일하는 시간이 정해져 있지 않아서 가능한 모습이기도 하다. 앞서 말했듯 자유롭지만, 반드시 출근하는 것을 원칙으로 삼는 것이다. 출근을 해야 발 빠르게 정보를 들을 수 있고, 가장 중요한 내가 하는 일을 매일 인지할 수 있게 된다.

출근하지 않고 실적만 전달하는 영업인도 존재한다. 그런데 그런 영업인치고 오래 하는 사람 못 봤다. 통계적으로도 본격적인 영업을 시작하기도 전에 탈락하는 90% 이상이 미출근자다. 그것만 봐도 출근이 얼마나 큰 영향을 미치는지 알 수 있다. 한 번 더 강조하지만 출근해야 소속감과 내 일이라는 주인의식과 사명감이 생긴다. 이는 초보 영업인에게만 해당하는 사항이 아니다. 영업을 오랫동안 잘해온 사람은 실적이 잘 오르지 않는 기간에도 출근한다. 영업인으로서 실적 없이 출근한다는 것은 상상만 해도 힘든 일이다. 그래도 일 잘하는 사람은 누가 뭐라고 해도 꿋꿋이 출근한다. 멀리 보는 것이다. 당장 코앞의 결과물만 바라보지 않고, 준비하며, 재정비하는 시간을 갖는다. 그들도 사람인지라 성과가 없어 정말 일이 하기 싫은 날도 있을 것이다. 하지만 그들은 출근 도장만 찍고 퇴근하는 일이 있더라도 출근을 한다.

육성코치인 나 역시, 아침 7시 출근을 지키고 있다. 신인보다 먼저 출근하고, 신인보다 늦게 퇴근하는 것이 코치로서의 기본이라고 생각하

기 때문이다. 교육 과정에서도 첫째도, 둘째도, 열 번째도 출근이라고
말한다. 여기서 질문 하나 하겠다.

> *"출근하지 않고 실적이 높은 사람과 출근은 잘하지*
> *만 실적이 부족한 사람 중 어떤 사람이 오래 할 수*
> *있을까?"*

앞서도 이야기했지만 실적이 부족해도 출근 잘하는 사람이 오래간
다. 물론, 출근도 잘하고 실적도 좋으면 좋겠지만 둘 중 고르라면 후자
다. 매일 출근한다는 것은 가능성이 있다는 뜻이다. 전자는 반짝스타가
될 수 있지만, 기껏해야 3~6개월짜리다. 단언컨대 어떤 일을 시작하고
자리를 잡는 인턴과정 6개월을 두고 제대로 일했다고 할 수 없다.

마지막으로 한 번 더 이야기하지만, 출근은 소속감과 주인의식을 채
워주는 가장 기본 중의 기본이다. 이것에 몸에 배었을 때 비로소 가치
있는 영업인이 될 수 있다.

02

성과를 높이는 매뉴얼

"선물로 친구를 사지 마라.
선물을 주지 않으면 그 친구의 사랑도 끝날 것이다."

– 토마스 풀러(Thomas Fuller)

영업인이 되면 누구나 성과에 집중한다. 기업에서도 성과 중심의 줄 세우기, 성과로 사원 평가하는 등 결과물을 우선으로 생각하기 때문이다. 그러나 정작 우수한 성과를 내기 위한 방법이나 과정을 알려주지 않는다. 결국 수많은 사람이 실적 내는 기계로 전락해 힘들어한다. 그리고 그들에게 재미와 가치는 잃은 지 오래다.

이렇게 수많은 사람을 들었다 놨다 하는 성과는 결정적인 순간에 어떤 차별화를 갖느냐에 따라 상황을 달리할 수 있다. 즉, 내가 결정적인 순간에 손해를 볼 때 결과가 마무리된다고 할 수 있다. 예를 들어, 대부분의 영업인은 고객에게 어느 정도 손해를 본다고 생각한다. 그도 그럴 것이 시간 약속도 고객에게 맞추고, 밥을 먹거나 차를 마실 때도 영업인이 결제한다. 또 계약이 성사되면 고맙다는 인사를 한다. 이런 상황이 반복되면 왠지 씁쓸해진다. 돈을 벌기 위해 어쩔 수 없다고 생각하지만, 보람되지만은 않다. 그러므로 이러한 감정을 줄여나가는 것이 진정한 성과를 내는 방법이지 않을까 생각한다. 다시 말해, 고객이 진짜로 필요할 때 손해를 보는 것이다.

나는 한창 영업할 때 늘 내가 약속을 정했다. 고객 계획에 내가 맞추지 않고 나의 계획대로 일정을 맞춘 것이다. 그렇게 하기 위해서는 나에게 계획된 일정이 있어야 한다. 또 만나서도 절대 일방적으로 식사를 대접하거나 차를 사지 않았다. 이유는 단순했다. 나는 나의 시간과 열정을 투자해 알게 된 정보를 주는 사람으로, 그것을 그냥 알려주지 않으려고 했을 뿐이다.

내가 밥을 사면 차는 고객이 사게 하고, 고객이 밥을 사면 내가 차를 사는 방식으로 일방적인 관계를 맺지 않았다. 계약으로 이어졌을 때도 "감사합니다"가 아닌 "축하합니다"라고 인사했다. 그것은 나의 고객이 된 것, 당신의 미래를 준비한 것을 축하한다는 의미였다. 내가 그렇게 인사하면 대다수의 고객이 내게 감사 인사를 했다. 고객에게 주는 선물도 고가의 제품을 선택하지 않았다. 물론 초창기라 영업비가 부족한 것도 있었지만, 그렇게 하는 것이 좋은 영업 비결이 아니라고 생각했다. 이에 영업비는 급여의 10~20%로 정해 무리가 되지 않는 범위에서 최선을 다했다. 대신 누구에게 어떤 선물을 줬는지 기록했다. 작은 것이라도 겹치지 않게 선물하기 위함이었다. 덕분에 고객은 내가 주는 선물을 늘 새롭고 기분 좋게 받아주었다. 고객이 좋아하니 나는 손해를 본다는 느낌보다 고객과 함께한다는 마음이 들었다.

육성코치가 된 지금은 급여의 10~15%를 사원을 위해 사용한다. 만근 시상으로 상품권을 구매하기도 하고, 안내서 또는 교육 자료를 구비해 활용할 수 있게 하기도 하고, 고객들을 위한 비대면 서비스 물품을 마련하기도 하는 등 실용적으로 지출한다. 그 외에도 건강검진권의 필요성을 느끼고 온라인 건강검진권을 구매하고, 병력과 유전자가 연관 있다는 생각에 유전자 검사 교육을 받고, 사원의 자신감과 문제 해결력 향상을 위해 코치 자격 과정을 밟았다. 굳이 이렇게까지 하는 이유는 '아무것도 아닌 지금은 없다'라는 말이 있듯 모든 것은 활용하기 나름이라고 생각하기 때문이다.

나에게 교육받는 사원들은 첫날, '프레디저'라는 심리검사를 한다. 이는 강사 자격을 수료한 사람만이 진행할 수 있다. 선물도 준비하는데 첫 선물은 액자다. 산뜻한 노란 테두리 안에 모바일 메신저의 프로필 사진을 넣어 책상 위에 올려둔다. 책상이라는 공간은 일터에서 큰 비중을 차지하기에 기분 좋게 일하기를 바라는 마음에서다. 최근에는 모바일 메신저를 이용해 피로회복제 드링크나 바나나우유를 선물해서 하루의 시작을 기분 좋게 출발하도록 해준다. 6개월의 교육 과정 수료를 위한 선물도 따로 준비한다. 처음의 마음을 다시 떠올릴 수 있도록 액자 선물을 하거나, 영업 관련 서적 또는 플래너 등이 있다. 가장 호응도가 좋은 것은 급여일에 편지와 함께 주는 급여봉투다. 급여봉투를 받는 시대가 아니기에 예상 밖으로 좋아한다. 점심 식사도 되도록 신입사원과 함께하려고 노력한다. 회사에서 제공하는 식비로 지불하기도 하지만 사비로 결제하기도 하는데, 인원은 중요하지 않다. 이 모든 것이 겉으로 보면 손해라고 생각할 수 있지만, 부족한 2%를 채우는 활동이 된다. 나의 이러한 작은 행동으로 사원들이 감동을 받으면, 앞 장에서 언급한 소속감은 충분히 생긴다. 그리고 소속감이 생기면 주인의식은 자연스럽게 따라온다.

많은 사람이 영업은 당사자가 중요하다고 말한다. 성과만을 보고 달리는 것보다, 고객이 원하는 것을 파악하고 전달한다면 남다른 성과를 낼 수 있다. 덜도 말고 더도 말고 딱 2%에서 달라진다. 모든 사람이 손해 보는 것을 좋아하지 않지만, 결정적인 순간에 손해를 보게 되면 상대방은 다르게 바라볼 것이다. 이는 그토록 원하는 성과로도 이어진다.

03
정답보다 해답에 집중하기

"우리들의 존재 자체가
우리들이 생각한 것의 결과다."
- 고타마 싯다르타(Gautama Siddhārtha)

정답은 누구에게나 통하는 객관적인 정의다. 반면 해답은 주관적으로 각자 상황에 맞게 결론이 달라진다. 영업은 정답보다 해답의 모습과 비슷하다. 사람마다 같을 수 없기 때문이다. 같은 상품을 판매하더라도 동일한 방법을 적용하지 않는다. 교육을 해도 마찬가지다. 교육생마다 자기가 듣고 싶은 대로 듣고, 그날의 인상적인 메시지만을 기억해 활용한다. 이 같은 이유로 해답은 중요한 역할을 한다. 그 사람이 가진 주관적인 생각인 동시에 실행으로 이어지기 때문이다.

더욱이 영업인에게 있어서는 해답의 영역이 큰 부분을 차지한다. 이유인즉슨, 해답은 그 사람의 태도, 습관, 마음 씀씀이에서 우러나오는데, 고객 입장에서 이 사람에게 나의 미래를 맡길 것인가를 결정할 때 판단 기준이 되기 때문이다. 그러므로 누가 봐도 인정받는 영업인이라면 그가 내리는 해답에 많은 사람이 따른다.

내가 할 수 있는 최선의 해답을 찾는 것. 당연히 말처럼 쉽지 않다. 누군가에게 인정받고 싶은 마음에 정답을 따라가려고 하고, 가면을 쓴다. 나에게 맞는 옷이 아닌데 맞는 척한다. 처음에는 숨길 수 있지만, 점점 어색하고 자신이 없어진다. 더 큰 문제는 이 사실을 본인뿐만 아니라 상대방도 느낀다는 점이다.

해답은 경험을 통해 찾을 수 있다는 것을 알아야 한다. 경험이 있어야 나에게 맞는 주관적인 생각을 할 수 있다. 그러나 경험은 아프고 힘들어서 하고 싶지 않다. 되도록 피하고 싶다. 그렇게 미루고 미루다 보면 내 모습은 온데간데없다. 남들이 하는 방식을 그대로 따라갈 뿐이고, 그것이 정답이라고 여긴다. 그런데 요즘 고객은 워낙 똑똑해서 정답보다는 해답을 원한다. 나의 미래를 책임질 사람만이 가진 해답. 또 그 해답에서 방향을 찾고, 위안받고 싶어 한다. 이러한 고객의 요구를 충족하기 위해서는 경험이 없어서는 안 된다. 엎어지고 깨지더라도 나의 고객에게 해줄 수 있는 나만의 스토리가 있어야 한다.

영업은 확률 게임이다. 얼마나 많은 사람에게 전하느냐에 따라 실적이 달라진다. 이에 나는 초보 영업인에게 많은 경험을 해볼 것을 권한다. 그 경험이 쌓이고 쌓여 나만의 가치와 차별화를 만들어주기 때문이다. 중요한 것은 그 과정을 통해 본인이 가장 큰 성장을 한다. 발명왕 토머스 에디슨(Thomas Alva Edison)이 "실패는 성공의 어머니"라고 했듯, 모든 경험은 영업인에게 건강한 자양분이 된다고 확신한다.

다시 말하지만, 해답은 나만이 가지고 있는 답이다. 나만이 느끼고, 나만이 표현할 수 있다. 또 이것은 나만의 브랜드가 될 수 있다. 나는 기본, 열정, 기록이라는 나만의 핵심 가치, 즉 해답으로 나의 브랜드를 만들어냈다. 영업인에게 결코 빼놓을 수 없는 개척 활동도 내가 정한 해답을 통해 이어나갈 수 있었다. 이렇게 해답을 찾는 훈련이 된 사람은 그 해답을 통해 움직이고 결과물을 만든다. 더욱이 경험을 통한 해답이 있는 사람은 다른 사람 눈에도 전문가로 보인다. 그럼에도 불구하고 정답을 찾는 훈련을 할 것인지, 해답을 찾는 경험을 할 것인지에 대한 물음은 영업인에게 끝나지 않는 과제다.

04
매뉴얼 적응하기

"시간은 인생의 동전이다.
너 대신 타인이 그 동전을 써버리지 않도록 주의하라."

– 칼 샌드버그(Carl Sandburg)

매뉴얼은 틀이다. 그러므로 한번 만들어지면 어느 누가 와도 그 안에서 움직여야 한다. 그리고 그렇게 움직이면 성과가 난다. 매뉴얼에는 오랫동안 경험한 내용을 정답에 가깝게 정리해둔 덕분이다. 이러한 매뉴얼은 기업에도 개인에게도 존재할 수 있다. 어떤 매뉴얼이 옳고 그르다고 할 수 없지만, 매뉴얼의 중요성은 부정할 수 없다.

영업인에게 매뉴얼에 가장 큰 비중을 차지하는 부분은 시간 관리다. 시간은 누구에게나 공평하게 24시간이 주어지는데, 이것을 가치 있게 사용해야 영업인으로서 달콤한 열매를 맛볼 수 있다.

　나는 처음 보험 영업을 시작하고 가장 좋았던 것이 시간의 자유였다. 비서로 근무한 터라 시간에 매여 있는 삶이었다. 이에 시간을 마음대로 쓸 수 있다는 부분이 가장 매력적으로 다가왔다. 그런데 막상 현장에 뛰어들고 보니 그야말로 시간과의 싸움이었다. 그로 인해 처음에는 배신감을 느꼈다. 분명히 시간을 자유롭게 이용할 수 있다고 했는데, 내 뜻대로 되지 않은 것이다. 나는 시간을 자유롭게 이용할 수 있다는 말을 마음대로 써도 된다는 것으로 오해했음을 뒤늦게 깨달았다.

　시간 관리를 잘하기 위해서는 목표가 있어야 했다. 다시 말해, 시간 관리를 잘해야 하는 이유가 필요했다. 목표 없이 시간을 잘 쓴다는 것은 쉽지 않다. 특히 영업인에게는 더 어렵다. 목표가 있어야 시간을 어떻게 사용할지 고민하고, 실행할 수 있기 때문이다. 만일 시간 관리에 대한 목표가 없다면 소중한 하루를 그냥 흘려보내게 된다. 첫 며칠은 괜찮을지 몰라도 하루가 일주일이 되고, 일주일이 한 달이 되는 것은 순식간이다. 그러므로 시간 관리를 위한 목표 설정은 구체적이어야 한다. 즉, 오늘 할 일, 일주일 동안 할 일, 한 달 동안 할 일로 분류해 하나씩 달성하는 것이다. 이런 방식으로 작은 성공의 경험을 한다면 앞으로 나아가는 힘이 생긴다.

　설명을 덧붙이자면 시간 관리는 계획성이다. 무엇을 언제부터 시작해 언제까지 할 것인가를 결정하고, 도전해야 한다. 그리고 마무리하는 시점에는 자체 피드백을 해야 한다. 가장 좋은 방법은 메모하는 것이다. 하루, 일주일, 한 달 동안 실행하고 달성한 것과 잘한 점, 잘못한 점을 꾸준히 정리해 적어두면 큰 재산이 된다. 말은 쉽지만 결코 쉽지만은 않다. 습관으로 만들지 않으면 절대로 하지 않게 된다.

나는 개인적으로 휴대전화의 메모장 기능보다는 종이에 직접 메모할 것을 권한다. 아날로그적이기는 하지만, 영업인이 휴대전화에 기록하고 수정하는 것이 쉽지 않기 때문이다. 영업인은 다양한 이유로 수시로 일정이 변경되고, 이러한 상황에 익숙해져야 하기에 휴대전화보다 종이에 적는 것이 효율적이다. 왜냐하면 무엇이 어떻게 변경되었는지 알 수 있고, 메모하면서 목표를 다시 확인할 수 있기 때문이다. 또 오늘 하루를 어떻게 효율적으로 활용할 것인지 계획할 수 있다. 이렇게 매일 시간 관리에 집중한다면, 퇴근도 빨라진다. 업무의 우선순위를 스스로 설정하고, 최선을 다했을 때 성과가 나는 덕분이다.

나는 보험 영업 시작 후 1년 동안 배우자 외의 모든 가족이 내가 보험 영업을 시작했다는 사실을 몰랐다. 그만큼 반대가 심했기 때문이다. 이에 퇴근 후 가족과 함께 보낼 시간까지 관리했다. 덕분에 일하는 시간 동안 초집중할 수 있었고, 영업 활동 중에도 불필요한 시간을 아낄 수 있었다. 시간을 자유롭게 사용할 수 있는 덕분에 쉬고 싶다든지, 고객이 함께 놀러 가자고 한다든지 등의 유혹이 있었지만, 시간 관리의 목표가 생긴 후에는 온전히 나의 하루에 몰입했다. 이때도 빠트리지 않은 부분이 출근 시간이었다. 출근부터 시간 관리를 한 것이다.

영업은 매뉴얼이 모여 성과를 내는데, 앞에서도 강조했듯 매뉴얼의 첫 단추는 목표 설정과 기록이다. 그런데 기록도 일정한 시간에 해야 효과를 볼 수 있다. 기록의 시작이 시간 관리 매뉴얼의 한 축이 되기 때문이다. 또 기록하면서 하루 24시간 중 몇 시간을 내가 하는 일에 온전히 사용할 것인가를 계산할 수 있다. 일반 회사원은 업무에 집중하는 시간이 평균적으로 8시간으로 설정되어 있지만, 영업인은 스스로 알아서 관리해야 하므로 기록하는 시간에 계산해야 한다. 예를 들어 준비하는 데 7시간, 실제 적용하는 데 1시간이라 한다면 나의 일정 관리는 1시간으로 설정한다.

나는 육성코치가 되기 전, 영업할 때 시간 투자가 굉장히 촉박했다. 그로 인해 고객과의 미팅은 1시간을 넘기지 않으려고 했고, 준비하는 시간을 최소화해 성과에 집중했다. 육성코치가 된 후에는 시간 관리에 더 집중했다. 신입사원들과 보내는 시간에 그들이 더 집중할 수 있도록 노력한 것이다. 이를 통해 시간 관리가 변화의 시작이자 영업의 안내서임을 깨달았다. 그 안내서의 지속성은 본인의 목표 설정부터 출발한다. 목표 설정은 할 수 있는 일에 집중하는 것부터 시작하는 것이다. 시간 관리의 알맞은 시기는 '지금'이기 때문이다. 이 사실을 받아들이고 꾸준하게 관리를 이어나간다면, 성과가 나지 않을 수 없다. 물론 적응 기간이 필요한 것은 당연하다. 처음부터 잘할 수 없기 때문이다.

참고로 나의 일과와 활동별 시간 활용을 공개한다.

일과

시간	일정
07:00	출근
~07:30	단체 메시지 발송
~08:00	오늘의 할 일 정리
~09:00	신입사원 맞이
09:00~10:30	오전 교육 진행
10:30~12:00	전산 작업 및 활동 면담
12:00~13:00	점심 식사
13:00~14:00	오후 교육 진행
14:00~18:00	신입사원 개인별 면담 및 전산 지도
18:00~19:00	일과 점검
19:00	퇴근 * 단, 신입사원 퇴근 전에는 퇴근하지 않기
19:00~	휴식 및 개인학습

활동별 일과

시간	일정
09:00~10:30	정보 미팅 참석
10:30~11:00	전산 준비
11:00~	고객 면담 및 영업 활동
11:30~	점심 식사 with 고객
13:00~	두 번째 고객 미팅
15:00~	세 번째 고객 미팅
17:00	복귀
17:00~	일과 마무리 및 내일을 위한 준비
기타	• 매주 월요일 : 고객에게 메시지 전송 • 매주 화요일 : 상생박스 활동(개척 활동) • 매주 수요일 : 자동차 관련 보험 집중 • 매주 목요일 : 상생박스 활동(개척 활동) • 매주 금요일 : 주 마감 활동 • 월 1회 : 비대면 서비스 발송 • 월 2회 : 고객 관리의 날 집중

05

시작 매뉴얼 & 마무리 매뉴얼

"가장 바쁜 사람이 가장 많은 시간을 갖는다.
부지런히 노력하는 사람이 결국 많은 대가를 얻는다."

– 알렉산드리아 피네

당신의 아침은 어떤가? 아마도 대부분 피곤하지만 출근해야 하는 상황에 못 이겨 알람 소리를 듣고 일어나기 바쁠 것이다. 그리고 어제와 같이 출근해 업무를 이어가고, 동료들과 시간을 보낸 다음 퇴근한다. 매일 반복되는 일상에 회의감이 들기도 하지만, 내일도 변함없는 하루를 보낸다. 시간이 자유로운 영업인도 마찬가지다. 아침에 출근해 미팅 후, 동료들과 티타임을 가지며 수다를 떨다 보면 점심시간이 된다. 그리고 식후 커피 한 잔을 마시고 나면 어느새 오후 2시가 훌쩍 넘는다. 무심히 흘려보낸 시간을 아까워하며 '이제 일 좀 해볼까' 하고 책상에 앉아 전산 관리를 하는데, 시계를 쳐다보니 오후 4시를 지나고 있다. 그 이후 고객과의 약속이 있다면 그 시간에 따라 움직이면 되는데, 약속이 없는 날은 이것저것 정리하다 보면 퇴근 시간이 코앞이다.

이런 일이 비일비재하게 일어나는 이유는 어떠한 장치도 없이 자유가 주어지기 때문이다. 일반 회사원도 업무를 효율적으로 처리하려면 시간 관리가 중요한데, 앞에서도 이야기했듯 영업인은 일반 직장인과 달리 스스로 스케줄을 조율해야 하므로 누구보다 시간 관리가 중요하다. 크게 고객 미팅을 위해 준비하는 시간, 고객을 만나는 시간, 하루를 정리하는 시간으로 나뉘는데, 모든 것의 승패는 시간에 달려 있다. 그럼에도 불구하고 많은 영업인이 시간 관리를 어려워한다. 이에 따라 시간 관리는 영업인에게 커다란 숙제이자 성과를 내기 위한 중요한 열쇠다.

뚜렷한 목표의식이 없다면 하루, 일주일, 한 달이 허무하게 흘러간다는 사실을 알아야 한다. 그래서 나는 내가 그랬듯 신입사원을 교육하면서 누누이 기록하라고 한다. 시간 관리는 기록에서 시작한다고 믿기 때문이다. 이때 하루의 결과를 기록하는 것이 아니라, 하루의 계획을 기록한다. 이 행동으로 아침을 의미 있게 여는 것이다. 더 나아가 WSP 주간 성공계획서를 작성한다. 방법은 다음과 같다.

휴대폰에 저장된 사람을 A·B·C 그룹으로 분류한다. A는 자주 만나는 사람, B는 가끔 만나는 사람, C는 연락처만 알고 있는 사람이다. 이

작업을 통해 그동안 살아온 시간이 정리되기도 한다. 일이 아니더라도 한 번은 필요한 작업이다. 그룹을 나눴으니 이제 월별로 대상을 정한다. 누구를 만날 것인지 미리 뽑아보는 것이다. A는 바로 영업을 할 수 있는 사람, B는 내가 하는 일을 알릴 사람, C는 친목 활동으로 관계를 이어갈 사람이 된다. 이때 많은 사람이 고민하는데, 고민한다는 것은 계약할 사람인지, 아닌지 지레짐작한다는 뜻이다. 명단을 작성할 때는 이른바 영혼 없이 해야 한다. 또 시작했다면 멈추지 않고 하는 것이 좋다.

이렇게 월간 계획을 잡았다면, 다음 단계는 일주일 활동 계획을 세우는 것이다. 쉽지 않지만 계획하고 그 계획에 따라 움직이려고 노력하는 것이 중요하다. 그것이 시간 관리의 기본이다. 이것이 습관으로 자리 잡으면 하루가 알차다. 출근과 동시에 스케줄을 작성하고, 업무를 마무리하면서 오늘 나의 모습을 점검할 수 있는 덕분이다. 또 연기되는 일정에 따라 다음 주, 다음 달 스케줄이 생겨 애쓰지 않아도 할 일이 생긴다. 그렇다고 무조건 그 흐름에 의존해서는 안 된다. 한 주를 마감하는 금요일에는 반드시 피드백 시간을 가져야 한다. 이 모든 것을 혼자 하려면 어렵다. 그러므로 밴드 사진첩에 실천할 계획을 게시할 것을 권한다. 게시한다는 것은 공식적인 약속을 의미하는 동시에, 이것이 차곡차곡 쌓이면 나만의 역사가 되기도 하고, 슬럼프가 왔을 때 초심으로 돌아가게 해주는 역할을 하기도 한다.

여기에 하나 더한다면 첫째, 어제의 감사한 일을 적는다. 우리는 바쁜 일상을 핑계로 감사한 일을 잊고 산다. 그런데 감사한 일을 메모하면 매사가 감사함으로 넘친다. 행복해서 웃는 게 아니라 웃어서 행복해진다는 말처럼 감사한 일도 찾는 것이다. 스스로 찾은 감사함으로 하루를 시작하면 마음가짐부터 달라진다.

둘째, 오늘 반드시 해야 할 일을 적는다. 업무 관련 내용이든, 아니든 기록함과 동시에 우리 뇌는 그것을 기억한다. 기억하면 실천하게 되니 미루는 습관을 바로잡을 수 있다.

셋째, 일주일에 한 번, 적어도 한 달에 두 번은 계약 고객을 만나는 날을 만든다. 이 시간은 쉬는 시간이다. 매일 새로운 사람을 만나 제안하는 것이 쉬운 일은 아니다. 에너지를 쏟아내야 하기에 쉬지 않으면 쉽게 지칠 수 있다. 그런데 동료가 아닌 계약 고객과 만나라는 이유는 그들은 나의 팬이기에 에너지 충전이 된다. 그뿐만 아니라 그 만남을 통해 계약 고객 관리가 된다. 나는 휴식의 의미로 만나지만, 고객 입장에서는 관리받는 느낌을 받아 '계약 전에는 잘도 만나러 오더니, 계약 후에는 얼굴 보기 힘드네'와 같은 불만이 쌓일 틈이 없다. 이렇게 좋은 관계를 유지하면 소개도 들어온다. 그런데 만일 이마저도 의무감으로 만나면 즐거울 수만은 없다. 그러니 쉬는 날이라 생각하고 편안하게 만나길 바란다.

기록의 힘은 분명히 존재한다. 기록함으로써 시간 관리도, 고객 관리도 되는 것이 확실하기에 부정할 수 없다. 그러한 이유로 나의 하루는 시작도 기록이고, 마무리도 기록이다. 기록하지 않으면 흘러가는 시간을 그냥 보내거나 지켜만 봐야 한다. 기록을 하면 하루 잘 버텼다고 위안 삼을 수 있지만, 기록이 없으면 그것을 증명할 방법이 없다. '적자생존(適者生存)'. 적어야 살고, 성장하며, 성공한다. 기록도 일종의 행동이다. 영업은 몸이 먼저 움직이고 머리가 움직여야 성공할 수 있는 일이므로 작은 것이라도 펜을 들고 끄적이고, 그대로 실천해보자.

PART 03

영업의 성과를 달성하는 비밀 매뉴얼

01

영업의 성과는 기본부터

> "항상 가장 큰 노력이 필요한 것이
> 바로 모든 일의 시작이다."
>
> 제임스 캐시 페니(James Cash Penney)

"기본에 충실합시다!"

매일 아침 외치는 인사다. 영업뿐만 아니라 모든 삶에서 기본은 중요하다. 이러한 기본을 사전에서는 '사물이나 현상, 이론, 시설 따위를 이루는 바탕'이라고 정의한다. 바탕을 다져놔야 무엇이든 만들어갈 수 있음을 의미한다. 보험 영업에서 바탕이 되는 것은 무엇일까? 다른 영업과 마찬가지로 상품 설명을 위한 말하기 능력, 전산 설계 능력 등이 있겠지만 삶의 기본이 흔들리면 안 된다. 이는 영업인뿐만 아니라 모든 사람에게 해당한다.

영업 현장에 뛰어들면 가장 어려워하는 부분이 바탕이 되는 기본 만들기다. 짧게는 20년, 길게는 40년 이상 각자 방식에 맞춘 기본대로 생활하다가 영업인으로서의 기본을 만들어가는 것이 결코 쉽지만은 않기 때문이다. 관성의 법칙, 즉 외부에서 힘이 가해지지 않는 한 자기 상태를 유지하려는 것처럼, 지금까지 살아온 방식을 유지하려는 이유가 가장 크다.

늘 그렇듯 첫 단추가 중요하다. 이 첫 단추를 끼워주는 일이 내가 하는 일이다. 이로써 나는 신입사원들에게 첫 단추의 중요성을 귀에 못이 박히도록 이야기한다. 이는 반복하고 또 반복해도 지나치지 않다고 생각한다. 그러나 신입사원 입장에서는 '여유를 가지며 즐겁게 일해야지'라고 생각했다가 내가 수도 없이 "기본! 기본! 기본!"을 외치니 당황스럽기도 할 것이다. 그런데 내가 이렇게 기본을 외치는 이유는 기본이 흔들렸을 때 일어나는 수많은 일을 봐왔기 때문이다. 예를 들어, 출근 시간을 지키지 않는다거나, 고객에게 상품 설명을 정확하게 하지 않는다거나, 전산 관리 연습을 덜 한다면 한 번쯤은 티가 나지 않더라도 그것이 쌓이면 한순간에 와르르 무너진다. 왜냐하면 처음 한 번이 어렵지, 그다음은 쉬워져서다. 그러므로 첫 타협을 하지 않아야 기본을 제대로 만들어갈 수 있다.

처음 육성팀장이 되어 얼마 지나지 않았을 때, 교육생 30여 명이 모두 남성이었던 적이 있다. 30대의 이제 갓 육성을 시작한 초보 팀장을 얼마나 신뢰했을까 싶다. 더욱이 모두 남성이었으니 말이다. 문제는 얼마 지나지 않아 생기고 말았다. 지금처럼 금연이 활성화된 시기가 아니라서 1시간 교육 후 10분 휴식 시간이 턱없이 부족했을 것이다. 하루는 10분이 지나 교육을 시작하려는데, 5~6명이 보이지 않았다. 시간을 지켜 일찍 와 기다리는 사람도 있고, 마냥 기다릴 수 없어 출입문을 잠그고 교육을 진행했다. 몇 분 뒤 도착한 교육생들이 문이 열리지 않아 당황했는지, 문을 두드리며 열어달라고 요구했다. 당연히 교육장에 있는 교육생들은 서로 눈치 보기 바빴다. 약 5분 뒤 문을 열었더니 그들은 문을 잠그는 게 말이 되냐, 화장실 갔다가 늦을 수도 있지 등 여러 핑계 섞인 말을 쏟아냈다. 가만히 듣고 있던 나는 모든 이야기가 끝나자 "쉬는 시간은 10분입니다. 이 시간을 지키는 것부터 시작해야 합니다. 고객과의 약속에서 10분은 상담의 모든 것을 결정합니다"라고 말하고 다시 교육을 이어갔다.

교육이 끝난 그날 오후, 난리가 났다. 문이 잠겨 들어오지 못한 교육생들이 소개자를 비롯해 팀장, 지점장에게 나의 험담을 한 것은 안 봐도 훤하다. 중요한 것은 제시간에 도착해 교육받은 20여 명의 교육생이 나의 판단에 옹호한 사실이다. 당시 오전 교육은 언제나 9시 정각에 시작했다. 그래서 "매번 8시 50분까지 출근하세요. 교육이 시작되면 문을 잠급니다"라고 공지했다. 나는 그 말을 그대로 실행으로 옮겼고, 9시 5분부터 문 두드리는 소리가 났다. 재미있는 것은 늘 늦는 사람이 늦는다는 점이다. 습관성 지각임을 알 수 있다. 그때 40~50대 아버지뻘 교육생에, 타사 경력자도 있었는데 얼마나 많은 생각이 들었을까 싶다. 그로 인해 "세상에 이런 육성실은 없다"라는 원성도 들었지만, 일주일이 지나니 30명 전원이 9시 전에 착석했다. 그에 더해 8시 50분까지 출근해야 하는 이유를 설명하고 또 설명했다. 굳이 말하지 않아도 이해한 교육생도 있었지만, 눈빛으로 강력하게 거부하는 사람이 많아서였다.

8시 50분 출근, 쉬는 시간 엄수. 아무리 생각해도 참 겁 없던 시절이었다. 물론 지금은 상상할 수도 없는 일이다. 10년 전이니 그렇게 강력한 방법이 통했지만, 아마 요즘이었다면 등 돌리고 갔을 수도 있다. 그럼에도 내 생각은 변함이 없다. 시간에서 모든 결과가 판가름 나기 때문이다. 약속을 지키지 못하면 다른 것도 흔들린다고 믿는다. 많은 사람이 영업을 처음 시작하는 사람은 언제 깨어질지 모르니 크리스털처럼 감정을 조심스럽게 다뤄야 한다고 하지만 기본을 지켜야 함은 마땅하다.

영업인은 교육이 절반을 차지한다. 교육 시간을 잘 보내야 그만큼 얻어가는 것이 많아진다. 또 그를 통해 본인의 영업에 적용할 수 있다. 이러한 이유로 나는 최대한 교육 시간에 집중하라는 의미로 걸려오는 전화도 되도록 받지 말라고 한다. 이 요구를 강하게 느껴 놀랐던지, 한 교육생이 불만을 토로해 지점장이 직접 쫓아온 경험도 있다. 그도 그럴 것이 어렵게 채용한 신입사원이 마음이 바뀔까 봐 전전긍긍하는 것이다.

그런데 내 생각은 다르다. 일하러 왔으니 일터의 문화에 적응해야 하고, 그것이 기본이 되어야 제대로 자리 잡을 수 있다. 그렇게까지 해야 하냐고, 타협 없는 꽉 막힌 사람이라는 소리도 많이 들었지만, '개미구멍이 둑을 무너뜨린다'라는 속담도 있듯, 사소한 틈 하나가 기본을 무너뜨림은 틀림없다.

영업이 힘든 것은 누구나 알고 있다. 그런데 기본을 무시하고 결과만 만들려고 한다면 더 어렵다. 기본은 흔들리지 않는 뿌리가 되어야 한다. 누가 뭐라 해도 지켜야 하는 것이 기본이다. 일하러 왔으니 기업 문화에 적응해야 하고, 출근해야 한다. 알아야 설명할 수 있으니 상품 공부를 해야 하는 것은 당연하고, 고객을 만나는 것이 일의 출발이니 매일 고객을 만나야 한다. 실적은 개인적인 부분이지만 함께하는 동료가 있으니 조직원으로서 지켜야 할 부분을 지키고, 다른 사람에게 피해를 주지 않아야 한다. 단순하게 생각하면 기본은 모두가 알고 있는 부분이다. 다만 귀찮아서 하기 싫을 뿐이다. 정해진 틀 안에서 움직여야 하니 힘들게 느껴질 뿐이다. 그래서 기본은 훈련이고, 훈련으로 변할 수 있다.

나는 출근해 7시 30분에 교육생이 모여 있는 메신저를 통해 오늘의 인사를 한다. 8시 50분까지 출근하지 않은 사원에게는 전화한다. 처음에는 그 전화를 불편하게 여기지 않는 것 같았지만 그게 반복되면 무안해한다. 그로 인해 늦었다 싶으면 계단으로 뛰어 올라오거나, 같은 엘리베이터를 탄 1명이 전화 받으면 다른 신입사원이 "곧 나에게도 전화가 오겠네" 하며 같이 웃기도 한다고 한다. 이런 나의 성향을 알게 되면 반대로 전화하는 신입사원이 생긴다. 사무실 앞이라거나, 도로 정체로 9시쯤 도착한다거나 하는 상황을 알려주는 것이다. 기본이 튼튼해야 한다. 처음의 불편함을 이겨내면 시간이 흘러 불편한 일이 생기지 않는다.

월 3,000만 원 달성하기

"친구들에게서 기대하는 것을
친구들에게 베풀어라."
– 아리스토텔레스(Aristoteles)

　영업의 꽃은 당연히 실적이다. 이 실적은 소득으로 이어진다. 일반 회사원과 달리 정해진 급여를 받는 시스템이 아닌, 일을 하는 만큼 받을 수 있어 가능한 일이다. 일하지 않으면 기본급도 없고, 잘하면 상한선 없이 월 수천만 원 이상도 얼마든지 벌 수 있다. 모든 영업인이 성과 올리는 법을 궁금해한다. 교육 과정 중에도 수당 수수료 항목이 있는데, 각자 소득 목표를 정한다. 이때, 수많은 이야기가 나온다.

"저는 100만 원만 받으면 됩니다."

"돈은 안 받아도 좋으니 배울 수만 있으면 좋겠습
니다."

"지인들이 반대해서 아는 사람에겐 영업 못 해요."

이러한 이유로 소득 목표를 정하지 못하겠다고 한다. 모두 영업이 주
는 부담감에 이렇게 표현하는 것인데, 진심으로 바라는 목표가 없는 것
은 아니다. 진실을 숨길 뿐이다. 결국, 첫 월급날이 되면 속마음이 드
러난다. "월급이 이렇게 적은 줄 몰랐다", "이렇게 벌어서 어떻게 사느
냐?" 하며 볼멘소리를 늘어놓는 것이다. 분명히 알아야 할 부분은 영업
은 정직하다는 사실이다. 철저히 한 만큼 결과가 나온다. 더 나오지도
덜 나오지도 않는다.

그렇다면 어떻게 소득을 올릴 수 있을까? 이 방법, 저 방법이 있겠지
만, 다수의 법칙이 가장 잘 맞는다. 영업은 확률 싸움이다. 많이 알리고,
많이 제안하며, 많이 실패하는 과정을 통해 실적이 쌓이고, 실적이 쌓이
면 소득이 오른다. 이것이 진리다. 그에 더해 잘하는 사람들처럼 해보면
된다. 타이틀은 회사마다 다르겠지만 '선배와의 대화'라는 프로그램이
괜히 존재하는 것이 아니다. 신입사원은 모든 것이 처음이기에 영업 현
장에서 오랫동안 자리를 잘 잡은 왕고참 선배들로부터 배우는 시간이
꼭 필요하다. 여기서 공통으로 나오는 말이 하루에 10명에게 알리면 한
주에 두 건의 계약을 체결할 수 있다는 것이다. 만약 하루에 20명에게

알리면 그만큼 계약률이 늘어난다.

　사실 많은 신입사원이 가장 두려워하는 것이 거절이다. 그런데 그 거절이 사람, 즉 영업사원 당사자를 거절한다고 생각하면 안 된다. 대다수 상품을 거절한다. 이 사실을 제대로 인지해야 도전할 수 있다. 거절도 경험해봐야 단단해지고 실력을 쌓을 수 있다. 물론 처음부터 거절당하지 않고 순탄하면 가장 좋겠지만, 그런 일은 잘 없다. 나는 거절의 경험을 설명하기 위해 김치에 비유한다. 배추와 김치 중 어느 쪽이 더 비싼가? 당연히 김치다. 김치는 배추가 여러 번 죽임을 당해야 탄생할 수 있다. 밭에서 뽑히면서 죽고, 1/2 또는 1/4로 토막 나면서 죽고, 마지막으로 소금을 만나 한 번 더 죽는다. 이렇게 죽은 배추는 비로소 오랫동안 썩지 않는 김치가 된다. 심지어 시간이 흐를수록 깊은 맛을 내 여러 요리에 활용된다. 그 과정 중에 소금을 만나 숨을 죽일 때가 가장 중요하다. 어설프게 절여지면 김치의 제맛을 내지 못하기 때문이다.

　영업에서 거절이 중요한 것도 배추가 김치가 되는 원리와 같다. 영업 시작을 알리면서 한 번, 본격적인 영업을 시작하면서 한 번, 매달 현장에서 한 번 이상의 거절 경험이 있어야 영업이 완성된다. 그런데 이 숙성의 과정이 힘들다고 주저하거나 멈춰버리면 앞으로 나아갈 수가 없다. 이러한 사정을 너무 잘 알기에 나는 교육을 진행하면서 핑크빛 미래만 말하지 않는다. 무조건 잘할 수 있다고도 하지 않는다. 그렇지만 힘들고 어려운 과정을 이겨내면 월 3,000만 원 이상의 월급을 가져갈 수 있다고 알려준다. 이 월급을 싫어하는 사람은 아무도 없다. 그리고 지난 달보다 더 높은 소득을 원한다. 그들에게 나는 원하는 만큼 많이 거절당해보라고 한다. 그만큼 단단해지고, 소득이 올라간다고.

거절당할 마음의 준비가 되었다면 오랫동안 잘해온 선배들의 이야기를 듣고 따라 해봐야 한다. 모방이 창조의 시작이다. 이때 한 사람만을 모방한다면 모방으로 끝난다. 2명, 3명 그 이상을 따라 하다 보면 나의 스타일이 생긴다. 그래서 이른바 잘나가는 선배들은 호기심을 가지라고 한다. '어떻게 하면 저렇게 잘할 수 있지?', '대체 무엇을 하길래 실적이 높지?' 등의 궁금증을 갖는 순간이 나만의 영업 스킬을 만드는 시작이라는 것이다.

몇 가지 팁을 주자면, 오랫동안 흔들리지 않고 실적을 잘 내는 사람들을 보면 고객과의 의리가 남다르다. 고객 입장에서 생각하기, 고객을 위해 회사에 건의하기 등 고객을 위하는 마음이 자연스럽다. 심지어 일자리를 제공하기도 한다. 세일즈 매니저를 SM이라고 하는데, 리크루팅을 주된 활동으로 하며 팀원 관리를 한다.

우리 회사에 경력직으로 입사한 한 사원은 2년 만에 SM이 되었다. 이유는 하나였다. 돈 벌고자 하는 고객들에게 일자리를 소개하고, 고객들이 입사해 영업을 시작하니 조직이 성장한 것이다. 물론 대부분 영업을 처음 접하는 인원으로 구성되어 힘들어하기도 했지만, 필요한 과정을 거치고 자리가 잡히니 알아서 움직이는 그룹이 되었다. 더욱이 SM은 본인이 소개해 데리고 온 사람들이라 더 애정을 가질 수밖에 없다. 그로 인해 그 팀은 SM이 엄마이고, 구성원은 자식이다. 서로 돕고 도우니 잘될 수밖에 없다.

또 고객과의 의리로 청구하는 보험금을 잘 찾아주는 설계사가 있다. 연봉 1억 원은 당연히 넘고, 고객은 1,000명을 가볍게 넘는다. 10년 이상 영업했으니 당연하다 여길 수 있지만, 세상에 당연한 것은 없다. 이 설계사는 평균 퇴근 시간이 10시다. 주말 출근도 마다하지 않는다. 이 정도 되면 따로 비서를 둘 법도 한데, 그렇게 하지도 않는다. 주된 업무는 고객 보험금 청구다. 특히 다른 사람들이 잘 모르는 보험금을 잘도 찾아준다. 특이한 점은 신상품이 나오면 다른 설계사들에 비해 발동이 늦다.

그런데 그 이유가 충분히 납득된다. 신상품이 나오는 순간부터 정확한 약관 분석에 돌입한다. 15년의 경력이면 깊이 설계하지 않아도 대략적으로 알 수 있음에도 고객 상황에 맞게 열 번이고, 스무 번이고 직접 해보는 것이다. 이는 본인이 이해하고 받아들여야 고객에게 전할 수 있다는 초심을 지키는 것이라고 볼 수 있다. 또 그 바탕에는 본인을 믿어준 고객과의 의리가 있다. 간혹 퇴근이 늦어 엘리베이터에서 만나면 서로를 보고 그저 웃는다. 말하지 않아도 이유를 아는 덕분이다.

1명 더 이야기하자면 자동차 사고가 나면 열 일 제치고 해결해주는 설계사가 있다. 자동차 사고는 일반적으로 간단하게 처리할 수 있는 분야다. 사고 접수 후 고객이랑 보상과 직원을 연결해 처리하도록 다리 역할만 해주면 되는데, 본인이 할 수 있는 데까지 도와준다. 사실 사고 이후 모든 상황이 정리될 때까지 고객이 신경 써야 할 부분이 많다. 그래서 이 설계사는 고객의 불편한 마음을 충분히 이해하고 두 팔 걷고 먼저 나서는 것이다.

앞에서 이야기한 두 사람만 봐도 월 3,000만 원이라는 높은 소득은 그저 생기는 것이 아니다. 타인이 잘되어야 내가 잘된다는 인식이 있어야 한다. 나의 이익보다 다른 사람을 먼저 생각하고, 나를 믿고 의지하는 고객과의 신뢰를 지키려는 마음이 소득과 연결된다. 누구나 다 할 수 있는 일이라고 여길 수도 있지만 아는 것과 실천하는 것은 다르다. 알고 있는 지식을 행동할 때, 이는 월 3,000만 원의 꿈이 이뤄지는 출발선이 된다.

그러니 부디 거절을 두려워하지 말고, 거절했던 고객을 다시 찾아갈 수 있는 힘을 키우길 바란다. 상대방이 거절했을 때는 내가 아직 준비가 안 된 것이라고 생각하자. 고객과의 의리를 지키고, 궂은일도 마다하지 않을 나의 진심을 보여줄 수 있을 때 만나면, 결과는 달라질 것이다. 왜냐하면 고객도 의리를 느끼기 때문이다.

03

모소대나무 마디 만들기

"기다릴 줄 아는 사람은
바라는 것을 가질 수 있다."

– 벤자민 플랭클린(Benjamin Franklin)

모소대나무는 4년 동안 3cm만 자라고, 5년째부터는 15m 이상 자라 울창한 숲을 이룬다. 그렇게 자란 모소대나무는 바람에 흔들릴지언정 꺾이지 않는다. 단연 기다림의 상징이라 할 수 있다. 이러한 모소대나무처럼 영업인도 타인과 비교하지 않고 묵묵히 기반을 다지는 시간이 필요하다.

영업을 처음부터 잘하는 사람은 없다. 다른 일을 훌륭히 잘해냈다 하더라도 영업은 다르다. 특히 보험 영업은 더더욱 그렇다. 그러므로 기다릴 줄 알아야 한다. 보험 영업을 시작할 때, 자본금이든, 구매할 물품이든 기본으로 투자할 비용이 발생하지는 않지만, 꼭 필요한 것이 시간 투자다. 견디기 어려울 수 있지만, 영업은 시간 투자 없이 시작할 수 없다. 시간 투자 속에 성장이 있어서다. 그런데 성과를 내야 한다는 조급함, 동료의 성과로 인한 시샘 등으로 버티기가 쉽지 않다. 더 힘들게 만드는 것은 성과 리뷰다. 태연한 척하고 싶지만 나도 모르게 변하는 표정을 감출 수 없다. 이는 바로 지금, 이 순간만을 보기 때문이다.

나는 교육을 진행할 때마다 "영업은 시간이 흘러야 한다. 또 시간이 흐르는 만큼 성장한다. 그러니 지나간 어제를 자책하느라, 오지 않은 내일을 걱정하느라 오늘을 낭비하지 말고 잘 보내라"라고 강조한다. 그것이 기다림의 시간이다. 성실하게 보낸 하루하루가 쌓이면 모소대나무처럼 마디가 생긴다. 처음에는 어디가 마디인지 알 수 없다. 그러나 6개월, 1년이 지나면서 차츰차츰 마디가 보이기 시작한다. 그리고 3년이 지나면 다른 사람이 봐도, 스스로 판단하기에도 성장했음을 느낀다.

일반 회사원도 그러하지만 영업인에게는 369 법칙이 있다고들 한다. 3개월에 한 번씩 주기적으로 오는 슬럼프를 두고 하는 소리다. 하지만 나는 이 또한 만들기 나름이라 믿는다. 영업을 처음 하는 사람들이 지인 대상 영업을 할 수 있는 유통기한은 짧게는 3개월, 길게는 6개월이다. 이 3~6개월의 시간을 잘 준비했다면 369 법칙은 존재하지 않는다.

생각을 해보자. 영업인 당사자도 기다림이 필요하지만, 고객도 기다림이 필요하다. 친하게 지내던 사람이 어느 날 갑자기 영업을 시작했다며 찾아온다. 고객 입장에서는 당황스러울 수밖에 없다. 가입한 보험이 있고, 없고를 떠나 지금까지 오래 하지 못하고 이내 그만두는 영업인을 수없이 봐왔기에 덜컥 나의 미래를 맡기기가 쉽지 않다. 도와주는 셈 치고 계약했는데, 이 사람도 얼마 가지 못해 퇴사하면 손해이기 때문이다. 그리고 속으로 '당신이 오래 하면 그때 인정해줄게'라고 한다. 또 '너만큼은 제발 오래 해라. 나도 보험이 필요하니'라고 하는 고객도 있다. 이왕이면 믿을 만한 지인에게 가입하는 게 좋다고 생각해서다. 그때부터 고객은 영업을 시작한 지인을 지켜보는 입장이 된다. 그로 인해 안부를 전하는 연락이 부담스럽기도 하지만 반갑기도 하다. '열심히 하고 있나 보네', '처음 봤을 때보다 많이 달라졌네'라고 느끼는 것이다.

중요한 것은 한 사람에게 올인해서는 안 된다. 시간 투자도 잘해야 한다. 마케팅 통계자료에 의하면 적어도 29번의 만남이 있어야 신뢰가 쌓이고, 하고자 하는 이야기를 진심으로 받아들인다고 한다. 이 관계를 유지하려면 약 3년이 필요하다. 그 시간을 기다려야 한다는 뜻이다. 현실이 이러하니 1명만 집중한다고 해서 결과가 결코 좋을 수만은 없다.

몇 해 전 육성 기간 동안 유독 힘들었던 설계사가 있다. 지인 시장도 넓지 않고, 그렇다고 특별하게 성실하지도, 열정적이지도 않았다. 긍정적인 모습보다 불평불만을 토로하는 모습을 더 많이 봤다. 개척 활동을 해도 이렇다 할 성과가 없었다. 나는 육성코치로서 신입사원이 성과를 내도록 이끌어야 할 의무도 있으므로 온갖 방법을 동원했다. 화법도 알려주고, 적극적인 고객 활동을 해보라고 회유하기도 했다. 그럼에도 불구하고 실적이 나지 않아 고민이 많았다. 다행히 이 설계사가 잘하는 것이 하나 있었다. 만나는 사람마다 보험 영업을 한다고 알린 것이다. 누구를 만나든 명함을 줬고, 영업을 즐겁게 잘하고 있다고 이야기했다. 복장도 영업인답게 잘 갖추고 다녔다. 그러던 중 고비가 찾아왔다. 도저히 성과가 나지 않아 다른 일을 찾아봐야겠다며 3일 동안 출근하지 않았다. 그건 이미 마음이 떠났다는 증거였다.

그런데 결근 3일째 오후에 전화가 왔다. 목소리가 상기되어 있었다. 사정은 이랬다. 동창 모임이 있다는 연락을 받고 친구들 얼굴을 본다는 생각으로 나갔단다. 그래도 일을 그만둔 것이 아니니 영업인처럼 차려입고 갔는데, 분위기가 무르익을 무렵 한 친구가 슬쩍 옆자리로 오더니 여전히 보험 영업을 하고 있냐고 물었다고 한다. 한 치의 망설임 없이 재미있게 잘하고 있다고 대답했더니, 본인을 비롯한 온 가족 컨설팅을 받고 싶다는 의사를 밝힌 것이다. 사실 그동안에는 오래 하지 못할 것 같아 고민하면서 지켜보고 있었고, 이왕이면 열심히 노력하는 친구에게 맡기고 싶다는 말을 덧붙였다. 그 이야기에 가슴 벅차 바로 내게 전화한 것이다. "고객은 나를 지켜보고 있다는 팀장님 말씀이 맞았어요. 그래서 힘들어도 내색하지 않고 잘하고 있다고 이야기하고 다녔더니 생각지도 못한 고객이 생겼네요. 지금부터 제대로 열심히 해보겠습니다."

그리고 그 설계사는 동창 모임에서 의뢰한 친구 가족 컨설팅으로 건강 보험과 연금 보험 계약을 성사시켰다. 정성을 다해 약관 정리를 해주고, 매주 안부 인사를 전하는 등 작은 관리를 이어갔더니 지인 소개도 받았다. 지금도 변함없이 말하고 다녔던 것처럼 잘하고 있다.

영업은 이런 것이다. 기다림의 시간 동안 남이 아닌, 내가 할 수 있는 일을 묵묵히 해나가면 된다. 그러면 고객은 지켜보고 있다가 결정한다. 모소대나무처럼 기다린다는 것은 절대 쉬운 일이 아니다. 영업인에게 있어 성과를 내지 못하고 기다리는 것도 마찬가지다. 단 하나 확실한 것은 이 시간은 배신하지 않는다는 것이다. 때때로 흔들릴 수 있지만 넘어지게 만들지 않는다. 지금 이 순간에도 수많은 신인 설계사가 기다림의 시간을 보내고 있을 것이다. 나는 그들이 얼마 지나지 않아 그들만의 울창한 숲을 이루리라 믿는다.

04
맨땅에 헤딩하기

"인생은 자전거를 타는 것과 같다.
균형을 잡으려면 움직여야 한다."
– 알버트 아인슈타인(Albert Einstein)

영업을 처음 시작하면 대다수의 영업인이 지인을 대상으로 한다. 중요한 것도 알고, 필요한 것도 알게 되었으니 가장 먼저 떠오르는 것이다. 또 미래를 맡기는 것이라 잘 가입해야 한다는 사실을 깨달았으니 그럴 만도 하다. 그런데 지인이라서 계약까지 일사천리로 이어질 줄 알았건만 막상 진행해보면 아니다. 모르는 사람보다 더 어렵다. 상처를 주거나 현실적인 이야기를 많이 하고 거절도 쉽게 한다. 그런데도 지인 영업부터 하라고 하는 것은 신뢰가 형성되어 있어서다. 영업 당사자에 대한 기본적인 믿음이 있고, 그만큼의 시간이 축적되어 있다. 그로 인해 전달하고 싶은 이야기를 조금은 쉽게 꺼낼 수 있다. 가까운 사람부터 차츰차츰 영업의 발판을 넓혀나가는 거다.

한편, 신인 설계사 중 "저는 지인 영업 안 합니다"라고 못 박는 사람이 꼭 있다. 이 경우 실적을 내는 방법은 단 하나, 개척이다. 모르는 사람을 찾아가 맨땅에 헤딩해야 한다. 그것이 더 쉽고, 모르는 사람이니 거절당해도 편하다고 생각하는 것이다. 하지만 이는 지극히 영업을 잘 모르고 하는 행동이다. 모르는 사람과 신뢰를 쌓기가 쉬울까? 앞서 언급했듯 29번의 만남이 있어야 믿음이 생기는 관계가 만들어진다.

사실 아주 오래전에는 공장 개척 활동이, 몇 년 전에는 상가 개척 활동이 성행했다. 공장 개척 활동을 할 때만 해도 공장 출입이 어렵지 않았다. 작은 공장의 출입문은 늘 열려 있었고, 대표를 만나기가 쉬웠다. 덕분에 매주 정해진 요일에 찾아가 얼굴 익히기부터 했다. 얼굴을 익힌 다음에는 회사, 회사 다음에는 나의 이름을 알렸다. 그 후 친분이 쌓였을 즈음 상품을 소개하고, 계약에 대한 이야기로 넘어갔다. 개척 방식은 지금도 별반 다르지 않다. 전혀 모르는 사람과 신뢰를 쌓으려면 성실이 바탕이 되어 있어야 한다. 그리고 이 사실을 상대방에게 인지시켜야 한다. 중요한 것은 개척 활동을 하는 영업인이 나만 있는 것이 아니라는 점이다. 수많은 영업사원이 왔다 간다. 그리고 소리 소문 없이 사라진다. 시작은 했지만 끝까지 하는 사람이 잘 없다. 그렇기에 고객에게는 '또 오네', '귀찮아', '언제까지 오나 보자'라는 부정의 마음이 먼저 생긴다.

또 처음에는 나 같은 육성팀장이나 선배들이 동행하니 잘할 수 있을 거라고 확신하고 현장으로 나가지만, 정작 매장 앞에 서면 세상 그 어떤 벽보다 높아 보인다. 용기 내어 매장 문을 열고 들어갔다 하더라도 "안녕하세요! ○○보험 ### LC입니다"라는 딱 두 문장이 입 밖으로 나오지 않는다. 그래도 시작은 했으니 한 번, 두 번 가다가 오늘은 더우니까, 오늘은 비가 오니까 하면서 자꾸만 다음으로 미룬다. 그러다 보면 결국 성과와 멀어져 있다. 당연하다. 그들은 모르는 사람이다. 그들과 관계를 맺으려면 성실함부터 장착해야 한다. 모든 핑계는 접어두고 꾸준히 얼굴도장을 찍어야 한다. 열심히 하는 모습을 보여줘야 한다.

이런 고달픔이 따름에도 개척 활동부터 하겠다는 신입사원들을 위해 개척 활동이 한창 활성화되었던 시기의 상황을 풀어보려고 한다. 가장 먼저 한 것이 구역 나누기였다. 행정구역으로 먼저 나누고, 큰길을 중심으로 다시 나눴다. 그렇게 나눈 구역을 답사했다. 업종을 분류하고 영업 시작 시간과 마무리하는 시간, 브레이크 타임, 사장이 상주하는 시간, 여유로운 시간 등 매장의 상황을 충분히 조사했다. 이 내용을 공유해서 조를 편성하는데, 본디 영업은 혼자 하는 것이 좋으나 영업을 처음 하는 사람들을 위해 2인 1조로 구성한다. 동반 활동할 때 매장의 문을 열어 주는 것만으로도 초보자에게는 큰 도움이 된다. 문 앞에서 많이 망설이기 때문이다.

요일도, 시간도 일정했다. 이미지 각인을 위해 요일을 지정했고, 오후

5시 복귀를 위해 오후 1~4시까지 개척 활동을 펼쳤다. 그것으로 끝난 것이 아니라 현장에서 있었던 상황을 공유했다. 오지 말라고 하는 사람, 받은 안내지를 바로 버리는 사람, 손님인 줄 알고 반갑게 인사했다가 표정이 변하는 사람 등 각양각색의 말과 행동에 상처받고 돌아온다. 열심히 한다고 하는데 도대체 갈피를 잡을 수 없다. 만일 그 감정 그대로 퇴근하면 부정적인 생각이 꼬리에 꼬리를 물어 더 힘들어진다. 그러므로 개척 활동을 하는 날은 반드시 사무실로 복귀해 점검 시간을 가졌다.

시간이 지나도 이 같은 개척 활동의 기본 틀은 변하지 않는다. 신인 개척에서 단체 개척, 단체 개척에서 상생박스라는 구체적인 활동으로 변천하기는 했지만, 개척 활동을 통해 성공하는 이들의 공통점은 성실과 열정이다. 고객은 성실함과 열정을 보고 인정한다. 이는 상황을 바라보는 시선에서 비롯된다. 비 오는 날이면 가망 고객들이 움직이기 불편해 날씨가 좋은 날보다 만날 확률이 높아 영업하기 좋은 날이고, 눈 오는 날은 매장 방문하는 사람이 많지 않아 조용히 이야기할 수 있으니 영업하기 좋은 날이라고 생각하는 것이다. 의외로 궂은날도 한결같이 본업에 충실한 모습을 보고 마음의 문을 여는 고객이 있다.

한창 개척 활동할 때 화창한 날은 고객 마음도 날씨를 닮아 개척하기 좋고, 바람 부는 날은 고객 마음에도 긍정의 바람이 불 수 있으니 개척하기 좋은 날이라며 웃기도 했다. 결국 모든 날이 개척하기 좋은 날이다. 열정은 그 사람의 목소리와 눈빛에서 느낄 수 있다. 목소리는 매장

문을 열고 들어설 때 내뱉는 첫마디로 좌지우지된다. 간절함으로 전달하고 싶은 이야기를 하면, 처음에는 거절당하더라도 끝내 상대방이 마음을 알아주게 되어 있다.

시대 변화로 개척 활동이 쉽지 않고, 개척만 하겠다고 하는 모습도 많이 줄었다. 그러나 영업을 이어가다 보면 필요한 순간이 온다. 그렇다고 전혀 모르는 매장을 방문하는 것만이 개척 활동은 아니다. 단골 매장도, 집 근처 3km 반경 이내 매장도 대상이 될 수 있다. 그곳도 똑같이 성실함과 열정을 보여주면 된다. 영업 노다지가 되는 곳이 하나 더 있다. 바로 자신의 휴대폰이다. 거기에 잠자고 있는 관계를 깨우면 된다. 휴대폰에 저장하기까지 번호를 누르고, 이름을 새기며, 그룹을 나누는 수고로움이 따랐는데 수많은 사람이 잠자고 있다. 어떤 인연이 되었든 그 휴대전화 번호의 주인들에게 안부를 묻는 것으로 시작해라. 그리고 나의 성실함과 열정을 전해라.

05

딱 2%만 다르게

"경쟁심이 악덕일 수는 없다.
문제는 그 방법이다."

– 이어령

우리는 날마다 경쟁하고 있다. 특히 영업이라는 환경에서는 경쟁 구도가 생기지 않을 수 없다. 나의 옆에 있는 동료보다, 타사 영업인보다 잘해야만 성과를 내고 성장할 수 있다. 이러한 이유로 고민이 생긴다. '어떻게 하면 나만의 경쟁력을 가질 수 있을까?'가 그것이다.

나는 신입사원 교육을 할 때마다 딱 2%만 남들과 다른 영업을 하라고 한다. 2%는 작은 차이를 의미한다. 다른 영업인보다 큰 차이가 있어야 한다는 것이 아니라, 작은 차이로도 충분히 경쟁력을 갖출 수 있다는 말이다. 또, 그렇게 해야만 당사자도 업무를 부담 없이 할 수 있다. 2% 차이는 정성에서 시작한다. 고객을 생각하는 참된 마음이다. 무엇이든 내어주고, 고객이 잘되길 바라는 진심으로 함께하면 된다. 이는 부모의 마음과 같다.

고객 정보를 받아 휴대전화에 이름, 나이, 자녀의 이름과 나이, 지역, 자동차 보험이라면 자동차 보험 만기일까지 기입하는 순간부터 관리를 시작한다. 관리는 거창한 것이 아니다. 미팅 후 돌아와 만남에 대한 느낌을 긍정적 마음을 담아 메시지로 전하고, 매주 월요일 안부 인사를 하며 고객에게 소식을 알린다. 이때 관련 정보를 전하는 것도 좋다. 상담 또는 방문 일정이 정해지면 고객에게 필요한 부분을 확인하고 점검한 다음, 3종의 제안서를 준비해 만난다. 가입제안서에 내용을 상세하게 기록하는 것은 필수다. 고객이 혼자 살펴보더라도 충분히 이해할 수 있게 하기 위함이다. 좋은 인연으로 진전되어 계약까지 성사되면 모바일 약관이 편하더라도 종이 약관을 전달하면서 한 번 더 만날 기회를 잡는다. 이때 약관에서 중요한 부분은 형광펜과 인덱스로 표시할 것을 추천한다.

선물은 고객 상황을 고려한 제품이 좋다. 예를 들어 혼자 사는 고객이라면, 1인용 라면 용기나 컵라면을 선물한다. 혼자서도 끼니를 잘 챙겨 먹으라는 의미다. 주부 고객에게는 생일마다 하트 미역과 한 끼 해결할 수 있는 쌀을 전달한다. 초등학생 자녀를 둔 고객에게는 서울대 마크가

각인된 학용품을 편지와 함께 준다. 회사원 고객에게는 출출할 오후 4시경 사무실로 피자를 보낸다. 날이 더운 날에는 깜짝 이벤트로 아이스 아메리카노 쿠폰을, 예고하지 않은 비가 내릴 때는 퀵으로 우산을 보내기도 한다. 통화로 피로함이 느껴지는 고객에게는 피로회복제를 구매할 수 있는 편의점 쿠폰을 전송한다. 매장을 운영하는 고객에게는 '외출 중' 팻말을 예쁘게 제작해준다. 카페를 운영하는 고객에게는 커피의 효능을 보기 좋게 작성해서 벽에 부착할 수 있도록 한다.

그 외에도 많다. 다른 고객에게 방문할 때 부근에서 상점을 운영하는 고객이 있다면, 그곳에 들러 제품을 구매해 홍보하기, 모바일 메신저 프로필 사진을 인쇄해 액자 만들어주기, 가족사진을 인쇄해 세상에 단 하나밖에 없는 머그잔 선물하기, 쑥스러워하는 고객을 대신해 고객 이름으로 배우자에게 꽃바구니 보내기 등. 여기에 더해 나는 한 달에 한 번 손 편지를 보낸다. 디지털이 발달할수록 아날로그 감성에 감동하는 법이다. 내가 보낸 노란색 편지 봉투를 받아든 고객 표정은 직접 보지 않아도 알 수 있다.

이처럼 조금만 생각하면 고객을 감동하게 할 방법은 무궁무진하다. 또 여기에는 영업인의 정성이 느껴지므로 고객에게 진정성 있게 다가갈 수 있다. 단, 영업인이 놓치지 말아야 할 것은 고객에게 필요한 것이 무엇인지 머리로 먼저 생각해야 한다는 점이다. 우리가 살아가면서 작은 것에 감동하듯, 고객도 큰 것을 바라지 않는다. 그저 나의 미래를 맡긴 담당자의 태도와 마음가짐을 볼 뿐이다. 그러므로 후속 관리가 더 중요하다. 계약했다고 끝나는 것이 아니라 거기서 다시 시작이다. 특히 보험금 청구 시 마음 상하는 고객이 많다. 스스로 알아서 해결하는 고객도 있지만, 잘 모르는 고객도 있다. 이때 타사 보험금도 함께 알아보고 청구해준다면 고객 입장에서는 감동받을 수밖에 없다.

개인적으로 나는 일을 하다 힘들어지면 고객을 만나 시간을 보낸다. 계약 100일도 챙긴다. 아이의 100일을 축하하는 것처럼, 계약 체결 후 100일 동안 잘 유지했으니 축하하는 것이다. 더 나아가 계약 날짜를 메모해두었다가 1년, 2년, 3년… 계약 체결일을 생일처럼 꼬박꼬박 챙기고, 틈날 때마다 보장 설명을 다시 한다. 매달 고객이 입금하는 날을 수금일이라고 하는데, 정상적으로 입금되면 "한 달 동안 애쓰셨습니다"라고 전화한다. 한 달 동안 열심히 일해서 보장을 잘 지킨 것도 감사한 일이니 그 의미를 전달하고자 하는 마음이다. 이렇게 고객과 함께하는 작은 습관은 나를 다른 영업인보다 특별하게 만든다. 아마 영업을 처음 하는 사람들은 어디서부터 어떻게 시작해야 할지 모를뿐더러, 수입도 많지 않기 때문에 선물에 대한 심리적 부담도 클 것으로 생각한다. 여러 차례 강조했지만, 크고 작음의 문제가 아니다. 오히려 작은 것이 쌓이면 단단해진다. 작은 꾸준함 속에서 고객과의 신뢰가 쌓인다.

일상에서도 고객과 함께할 수 있다. 고객이 운영하는 음식점에서 점심을 먹고, 나의 헤어스타일도, 휴대전화도 고객에게 맡기는 것이다. 고객과 고객을 연결하기도 한다. 고객이 필요한 부분이 있으면 적극적으로 홍보해서 win-win 하게 한다. 특히 다른 보험 영업인이 해주지 않는 이야기를 해주는 것은 대단한 경쟁력이다. 자동차 보험을 예로 들어보자. 자동차 보험은 1년에 한 번 가입하는 형태다. 고객 입장에서는 사고가 일어나지 않는 한 아깝게 생각할 수도 있다. 이러한 고객에게 조금 더 저렴하게 가입할 수 있는 다이렉트 보험을 추천한다. 고객이 보험에 대해 잘 알고 있다면 설명이 불필요할 수 있지만, 보험료만 확인하고 결정한 고객에게는 어떤 보장을 선택해야 하는지부터 세세하게 알려준다. 자동차 보험은 건강 보험과 달리 정답이 있는 보험이라 이러한 진행이 가능하다. 나에게 가입하지 않아도 저렴하게 제대로 가입할 수 있도록 도움을 줬으니 고객은 나를 특별하게 생각하게 된다.

하나 더 예시를 든다면, 사업장에서는 화재 또는 배상책임 대비를 위해 화재 보험에 가입한다. 화재 보험은 자주 점검하고 변경해줘야 하는데, 사업장이 변경되면 통지하고 조정할 수 있게 해줘야 한다. 가령 의류 매장은 판매 상품 가격이 여름과 겨울, 계절별로 차이가 있다. 이런 세부적인 것을 챙겨주고, 기존에 가입한 내용이 제대로 설정되어 있는지 살펴준다면 고객 마음을 사로잡을 수 있다.

2% 다른 모습은 '나는 판매자다'라고 생각하는 것이 아니라 '나는 대표다'라고 생각하고 움직이는 데서 나온다. 이는 고객이 '저 사람은 영업하지 않는다'라고 생각하게 한다. 누구든 영업하는 사람은 부담스럽

기 마련이다. 그런데 영업하되 사람 냄새나는 사람이라고 느끼게 만들면, 고객은 내가 찾아가지 않아도 나를 찾게 되어 있다. 물론 하루아침에 만들 수 있는 것은 아니다. 작은 것 하나라도 꾸준하게 해보길 바란다. 나 역시 매주 월요일마다 메시지를 보내고, 일주일에 한 번 손 편지를 쓰는 것으로 시작해 계속 이어오다 보니 고객에게 먼저 연락이 오는 단계까지 오게 되었다. 지금도 매주 토요일은 고객들에게 우편을 보내는 날이다. 고객이 많아 한 번에 쓸 수 없어 네 번에 나눠서 하고 있다. 우체국으로 향하는 발걸음이 그리 가볍고 즐거울 수 없다. 결국 나의 영업 경쟁자는 2% 차이 나는 나와 그렇지 않은 나다.

1. 내가 가장 감동받았던 선물은 무엇이며, 그 이유는 무엇인가?
2. 내가 준비한 선물 중 가장 기억에 남는 것은 무엇이며, 그 이유는 무엇인가?
3. 현재 나는 고객들에게 어떤 방법으로 감동을 주고 있나?
4. 고객에게 감동을 줄 수 있는 또 다른 방법은 무엇이 있을까?

PART 04
—
영업의 가치를 높이는
비밀 매뉴얼

01

일단 문 두드리기

영업은 나를 판매하는 기회다. 나를 판매한다는 것은 나의 태도와 나의 모습을 고객에게 전달해야 한다는 의미다. 이에 영업의 시작은 내가 생각하고, 내가 나아가고자 하는 이미지를 갖추는 것에서 시작한다. 하지만 영업을 처음 시작할 때는 기대감과 두려움으로 만감이 교차한다. 이로 인해 신입사원들은 매일 아침저녁으로 소설을 쓴다. 아침에는 해피엔딩, 저녁에는 새드엔딩이다. 야심 차게 설레는 마음으로 하루를 시작했다가 고객이 거절하면 상처받아 암울해지는 것이다. 그렇다면 어떤 마음가짐으로 임해야 할까?

나는 신입사원 교육을 할 때, '생각을 많이 하지 말라'고 당부한다. 생각이 적은 것이 좋은지, 많은 것이 좋은지 정답은 없지만 생각이 많다는 것은 성장하려는 마음이라 좋고, 생각이 적다는 것은 쓸데없는 생각을 하지 않아 좋다. 그러므로 처음에는 적은 것이 유리하다. 다만 해야 하는 생각은 있다. 영업을 선택한 이유, 첫 마음이다. 누군가의 권유에, 시험만 치러달라는 부탁에 시작했다 하더라도 본인이 발을 들여놓은 이유는 분명 존재한다. 그것만 생각하는 것이다. 나머지는 일하면서 생각해도 아무런 문제가 없다.

그런데도 많은 사람은 처음부터 만들어진 모습으로 시작하고 싶어 한다. 완성된 상황을 꿈꾸는 것이다. 그것도 최대한 빨리. 하지만 무엇이든 단계가 있고, 빨리 성공하는 방법은 내가 해야 할 것과 하지 말아야 할 것을 구분하는 것이다. 다시 말해, 선택과 집중을 해야 한다. 이에 나는 되도록 생각은 적게 하고 경험하라고 한다. 경험하지 않고 할 수 있는 일은 없기 때문이다. 경험이 있어야 느끼고 구체적인 그림을 그릴 수 있다. 또 성공이든, 실패든 모든 경험은 소중하다. 물론 다들 실패하고 싶지 않고 그에 대한 두려움이 있다. 이 같은 마음이 발목 잡아 아무것도 하지 못하게 하기도 한다. 그러니 이러지도 저러지도 못하는 상황을 만들고 싶지 않다면 그냥 가봐야 한다.

외출하려면 옷을 입고, 신발을 신고, 목적지를 확인하듯 영업하려면 고객에게 연락하고, 약속을 잡고, 만나면 된다. 아주 간단하다. 이렇게 이야기하면 몇몇은 연락이, 약속 잡는 것이, 만나는 것이 어렵다고 한다. 그러면 나는 다시 "내가 할 수 있는 일을 생각해보라"고 한다. 연락은 내가 할 수 있는 일이다. 사람은 누군가를 끊임없이 만난다. 그러니 연락해서 만나면 된다. 연락하고 만나고, 연락하고 만나고를 반복하는 것부터 경험의 시작이다. 영업의 부담을 내려놓고 식사를 함께해도 된다. 우리나라 사람은 '밥정'이 있어 밥 한 끼로도 관계가 형성된다. "이번 주 수요일 11시 30분에 같이 밥 먹자"라는 전화 한 통으로 시작하는 거다. 보험 영업이라 제안하는 과정도 필요하다. 그런데 고객이 먼저 연락하는 경우는 드물다. 내가 먼저 전화하고 약속을 정하는 것이 일 진행이 빠르다. 이때 하루에 2명을 만날 것인지, 3명을 만날 것인지 정한다. 스케줄 관리는 내가 주도적으로 하는 것이 좋다는 의미다.

처음 영업하는 사람들이 하는 단골 멘트가 있다. "연락할 사람도, 만날 사람도 없다"라는 것이다. 그러나 이제 갓 성인이 된 20세 청년도 그동안 쌓아온 관계가 있다. 연락할 사람이 없다는 건 핑계일 뿐 익숙하지 않을 따름이다. 지금까지 수동적으로 관계를 맺어온 탓이다. 더 이상 울리지 않는 휴대전화를 바라보며 누군가의 연락을 기다려서는 안 된다.

> *구하라 그리하면 너희에게 주실 것이요*
> *찾으라 그리하면 찾아낼 것이요*
> *문을 두드리라 그리하면 너희에게 열릴 것이니*
> *- 마태복음 7:7*

성경 구절에 나오는 말로 '구하면 얻고, 찾으면 찾고, 두드리면 열린다'고 한다. 주고, 찾고, 여는 것은 내가 할 수 있는 일이 아니지만 구하고, 찾고, 두드리는 것은 내가 충분히 할 수 있는 일이다. 선택할 수 없는 일을 두고 고민하지 말고, 먼저 두드려봐야 한다. 시도하면 50%의 확률이 있지만, 아무것도 하지 않으면 확률은 0%이기 때문이다. 부디 겁내지 말고 일단 두드려보길 바란다. 상대방이 지금 당장 문을 열어주지 않더라도 앞일은 아무도 모르는 법이다. 오래전에 문을 두드렸더라도 고객이 필요할 때 문을 열어줄 수 있다. 많은 신입사원이 고객에게 부담이 될 것 같아 망설여진다고 하는데, 그 부담은 고객이 느끼는 것이지, 내가 느끼는 것은 아니다. 지레 겁먹고 시도조차 하지 않는 것은 다른 영업인에게 기회를 넘겨주는 어리석은 행동이다.

초보일수록 최대한 심플하게 생각하자. 영업은 나의 일이고, 영업하는 사람들의 일은 시도의 무한반복이다. 무조건 고민하지 말고 돌진하라는 뜻이 아니다. 고민만 하지 말라는 의미다. 나의 경우, 문득 생각이 나서 전화한 지인이 있었다. 보험 영업을 시작한 지 얼마 안 된 시점이라 조심스러운 마음은 있었지만, 약속을 잡았다. 언제 이야기를 꺼낼까 타이밍을 노리며 근황을 나누다 보험 영업을 시작했다고 말했다. 그랬더니 아주 반갑게 마침 보험이 필요했는데 잘됐다고 하는 거다. 그렇게 하나의 계약이 진행되었다.

또 담당하던 설계사가 퇴사하거나 오랫동안 자리를 비울 상황이 생기면, 다른 설계사로 배정해준다. 이런 경우는 대개 제대로 관리 못 받는 상황이 생기고 고객 신뢰도 떨어진다. 그런 고객에게 전화할 때는 조심스러울 수밖에 없다. 그들의 태도는 제각각이다. 전화를 잘 받는 고객이 있는가 하면, 퉁명스럽게 대꾸하기도 하고, 관심 필요 없다고 알아서 한다며 끊는 사람도 있다. 이런 고객에게도 내가 할 수 있는 정성을 쏟으면 의외의 인연이 이어진다. 한 고객에게 담당자가 변경되었다며, 앞으로 관리 잘하겠다고 연락했다. 돌아오는 반응은 기대 없는 말투였다. 그 이후, 종종 안부 메시지와 각종 정보를 비롯해 회사에서 제공하는 선물을 챙겼다. 그리고 두 번째 통화하는 날, 목소리가 바뀐 걸 느꼈다. 얼굴은 모르지만 상품이라는 고리로 이어져 이제는 서로의 안부를 묻기도 하고, 지인 소개까지 이뤄진다. 내가 먼저 두드렸더니 고객에게 기억에 남는 관리자가 된 것이다. 계약 여부를 떠나 이러한 작은 성공을 경험하게 되면, 영업인에게 무엇과도 바꿀 수 없는 자신감이 생긴다.

일단 해봐라. 단순하게 생각하고 한발 먼저 떼면 큰 걸음의 시작이 될 것이다.

02

정보를 전달하는 사람

"그들이 당신을 뭐라고 부르는지는 중요하지 않다.
문제는 당신이 그들에게 뭐라고 대답하는가이다."

– W.C. 필즈(W.C. Fields)

사전에서는 경제 용어로 보험을 '재해나 각종 사고 따위가 일어날 경우, 경제적 손해에 대비해 공통된 사고의 위협을 피하고자 하는 사람들이 미리 일정한 돈을 적립해두었다가 사고를 당한 사람에게 일정 금액을 주어 손해를 보상하는 제도'라고 정의한다. 한마디로 위기 상황을 미리 대비한 사람들을 지켜주는 시스템이다. 이처럼 사전적 의미로만 해석하면 보험의 역할은 분명하다. 그런데 보험설계사가 하는 일은 다르다. 고민이 필요하다. 고객에게 무엇이 필요한지부터 어떤 정보를 전할 것인지 판단해야 하고, 그 정보의 양과 질도 중요하다.

영업을 처음 시작하는 사람 대다수가 다른 사람에게 부탁하지 못해서, 아쉬운 소리를 하지 못해서 어렵다고 한다. 이는 영업을 단순히 상품 판매하는 것으로 여겨서 그렇다. 하지만 어떤 상품을 판매할 것인가에 대한 기준이 명확하다면 이야기는 달라진다. 삶은 영업이라고 했다. 영업만을 부탁이라고 판단하기보다 우리 모두가 부탁하고 부탁을 들어주는 과정을 통해 결과물을 만들어간다고 생각하면 어떨까?

나는 신입사원들에게 "우리는 정보를 전달하는 사람입니다"라고 강조한다. 이 개념이 바로 서지 않으면 일을 제대로 할 수 없기 때문이다. 그 전에 보험이 후발주자라는 사실을 알아야 한다. 예를 들어, 질병 관련 보험은 의료기술이 발달하고 그것이 자리 잡았을 때 상품 개발이 시작된다. 어느 날 갑자기 뚝딱하고 개발되는 것이 아니라, 시장의 추이를 관찰하고 판매 가치가 생겼을 때 보장 내용을 구성해 시중에 내놓는다.

운전자 보험은 최근 몇 년 동안 고객에게 설명하기 민망할 정도로 변화했다. 가령, 사고 시 동승자가 큰 상해를 입었을 때 합의금을 지급하느냐 하지 않느냐, 변호사 선임 시 약식 기소 보상 가능 여부, 합의금 지급 비용 한도 등이 있다. 암 보험도 다를 바 없다. 일반 암에 갑상선암이 포함되었다가 제외되고, 치료 기술 발달로 표적항암약물허가 치료비를 지급하고, 방사선약물 치료가 방사선 치료와 약물 치료로 각각 보장하는 등 셀 수 없이 많다. 실손 보험도 계속해서 바뀌고 있다. 2009년 10월 이전 가입자 1세대, 2017년 3월 이전 가입자 2세대, 2021년 6월 이

전 가입자 3세대, 2021년 7월 이후 가입자 4세대로 구분하고, 이에 더해 급여 치료 확대와 실손 보험을 이용한 의료 쇼핑하는 사람들의 문제가 야기되면서 수정에 수정을 거듭하는 것이다. 코로나19로 인해 달라진 보장도 있다. 음압격리실에 입원할 경우 지원하는 치료비, 코로나 예방주사로 인한 알레르기 반응 보장 상품이 생겼다.

이처럼 시대의 흐름에 따라 보험 상품은 끊임없이 수정·보완되고 있다. 하지만 고객은 즉각 알기 어렵다. 보험설계사는 이 같은 상황을 파악하고, 고객들이 시대의 변화에 미리 준비할 수 있도록 정보를 전달하면 된다. 그러므로 정보를 잘 전달하려면 생각부터 달리해야 한다. 보험설계사는 상품을 판매하는 사람이 아닌, 시대의 흐름을 읽고 정보를 전달하는 사람이라고 생각하는 것이다. 그리고 나는 부탁하는 것이 아니라 정보를 전달하는 것이고, 그에 대한 흡수는 고객이 판단하는 것이라고 생각하는 것이다. 그러니 고객이 해야 할 판단을 보험설계사가 하지 말자. 그 판단을 하는 순간, 앞으로 나아가지 못하게 된다. 더불어 정보를 전달하려면 내가 하는 일에 확신을 가져야 한다. 내가 어떤 일을 하는 사람인지, 내가 하는 일이 어떤 가치를 가졌는지 의미를 부여하고 움직여야 결과도 달라진다. 그것이 고객과 마주했을 때, 열정이 되어 나를 빛나게 해준다.

내가 처음 육성팀장이 되었을 때와 10년이 훌쩍 넘긴 지금의 사원들 모습은 매우 다르다. 강산도 변한다는 세월이니 자연스럽다고 생각하지만 아쉬움이 많다. '라떼향' 폴폴 풍기는 것 같아도 비교하자면 10년 전에는 퇴근 시간도, 주말도 없이 본인이 하는 일에 열정을 가지고 전력을 다했다. 그래서 나도 밤 11시, 12시가 넘도록 퇴근을 못 해도 힘들지 않았다. 오히려 신났다. 그런데 이제는 그런 모습을 찾아보기 어렵다. 가끔 오전 미팅에서 "하루에 온전히 일하는 시간이 얼마나 되나요? 8시간 꽉 채우는 분 있나요?"라고 질문하면, 서로의 얼굴을 바라보며 웃기만 할 뿐 대답을 피한다.

물론 영업의 최대 장점 중 하나가 시간의 자유로움이다. 그렇다고 시간을 의미 없이 사용하면 얼마 가지 못해 좌절하는 상황이 생긴다. 시간을 채우면 월급 받는 일반 회사원과 동일하게 생각해서는 안 된다. 영업인의 소득은 실적이라는 결과물이 결정한다. 그리고 그 결과물은 내가 투자한 시간만큼 달라진다.

초기에는 우수한 성적을 내기 어려울 수 있지만 물이 끓으려면 임계점을 넘어야 하듯, 실적이라는 온도를 올리기 위해서도 시간이 필요하다. 그 시간 동안 보험설계사로서의 나의 역할과 모습을 설정하고 만들어가는 것이다. 더는 부탁하지 말자. 내가 전달해야 하는 정보의 무게를 느끼며, 이왕 하는 일인데 열정을 내보자. 이것이 바탕이 되어야 나의 지인과 고객들이 어려운 일을 마주했을 때 보호받을 수 있고, 넘어지지 않을 수 있다.

최근 설계사 정보 전달의 중요성을 새삼 느낀 사례가 있다. 신입사원이 오랜만에 지인에게 안부 전화를 했는데, 음식점을 크게 운영하던 중 배우자의 식도암 판정으로 병원 생활을 하고 있다는 것이었다. 갑작스러운 상황으로 음식점 문을 닫아야 해 눈앞이 캄캄했지만, 암 진단비가 잘 나와 문제없이 치료도 받고 생활도 이어가고 있다는 내용이었다. 어느 설계사인지는 몰라도 안내를 잘했다 싶었다. 또 다른 설계사는 지인에게 꾸준히 정보를 전달하고 필요한 부분을 제안했는데, 절대 필요할일 없다고 여러 차례 거절했다고 한다. 그대로 포기하려다가 마지막이라는 심정으로 다시 제안했더니 고민 끝에 가입했고, 3개월 후 뇌출혈진단을 받는 일이 생겼다. 긴급으로 수술했지만 진단비도 받고, 납입도면제되어 연신 고맙다고 인사했다는 것이다.

설계사가 정보를 간절하게 전달하지 않으면 고객은 알 수 없다. 보험이 눈에 보이지 않는 상품이라 더더욱 그렇다. 그래서 시대의 흐름을 인지하고, 고객들이 피부로 느끼고 대비할 수 있게 하는 것이 보험 영업인이 해야 할 일이고, 그것을 내가 전달하는 정보에 담아야 한다. 자신에게 물어보라. 나는 얼마나 많은 정보를 알고 있는가? 나는 얼마나 많은사람에게 정보를 전달하고 있는가? 나는 열정적으로 정보를 전달하고있는가? 내가 전달하는 정보가 열정을 품을 만큼 가치가 있는가? 여기에 대한 답을 당당하게 할 수 있다면 당신은 더 이상 부탁하는 사람이아니다.

03

스스로 피드백하기

"만일 당신이 자신을 조절할 수 없다면
당신은 그 무엇도 경영할 수 없을 것이다."

– 린든 존슨(Lyndon Johnson)

많은 사람이 일하면서 놓치고 있는 게 있다. 바로 결과를 분석하는 피드백이다. 영업인도 반드시 피드백해야 한다. 누구로부터 받는 것이 아니라 스스로 해볼 것을 권한다. 왜냐하면 다른 사람에게 받는 피드백은 내 안에 잠자고 있는 청개구리가 나도 모르게 폴짝 뛰어오를 수 있기 때문이다.

모두가 알고 내가 누누이 이야기했듯 영업 현장은 굉장히 자유롭다. 그 자유로움 속에 규칙을 만드는 것은 나 자신이 할 일이다. 만일 규칙을 만들지 않으면 상처받을 일이 계속 생긴다. 이에 회사에서는 최소한의 규제로 출근 시간을 정해두었다. 보험, 화장품, 자동차 등 영업의 형태를 띤 모든 곳이 퇴근 시간은 없지만 출근 시간은 있다. 출근해 교육받고 하나라도 더 알아야 영업 활동을 할 수 있어서다. 그 외에는 자유다. 누군가에 의해 만들어진 규칙에 따라 움직이면 자연스럽게 수동적이 되고, 그것을 지키지 않았을 때 돌아오는 핀잔은 잔소리가 된다. 이러한 이유로 자유를 얻은 영업인은 자기만의 원칙을 세워야 한다. 이때 반드시 '내가 잘하고 있는가?'라는 질문을 하고 답하는 피드백 시간을 가져야 한다. 그렇지 않으면 나도 모르게 무너질 수 있다. 이는 앞에서 이야기한 청개구리를 깨우지 않는 방법이기도 하다.

2021년, 한국인재인증센터 송수용 대표의 추천으로 한국코치협회 코치들과 진행한 '착한 코칭'은 개인적으로 매우 흥미로웠다. 총 5회로 구성된 그 시간을 통해 나는 스스로 답을 찾는 법을 알게 되었다. 교육은 '모든 사람은 스스로 답을 알고 있다'라는 전제로 질문을 만드는 것으로 시작한다. 질문은 다음과 같다.

- 어떤 문제를 주제로 할 것인가?
- 주제를 생각하게 된 계기가 무엇인가?
- 주제에 대한 문제를 해결했을 때 삶의 어떤 변화를 기대하는 가?
- 주제를 달성하기 위해 해야 할 일은 무엇인가?
- 주제 달성의 방해 요소는 무엇인가?
- 주제 달성을 위해 지금 당장 할 수 있는 것은 무엇이며, 어떤 것을 먼저 실천할 수 있는가?
- 계획한 실천을 언제 해볼 것인가?
- 주제를 달성했을 때 어떤 기분이 들 것 같은가?
- 주제 달성을 위해 잘하고 있는지 스스로 점검하는 장치로는 무엇이 있는가?

이 질문을 바탕으로 셀프 코칭을 하다 보면 스스로 답도 찾고, 기분 좋은 에너지가 생겼다. 마무리 단계에서는 자신이 잘 실행하고 있는지 점검하는 장치로 체크리스트를 작성하는 시간이 주어졌다. 내가 반드시 해야 하는 항목 다섯 가지를 적어 넣고, 매일 확인할 수 있도록 칸을 나눴다. 온전히 나만을 위한 체크리스트였다. 나의 삶과 업무 현장에 있어서 꼭 필요한 체크리스트라는 생각이 들었다. 그 어떤 것보다 큰 인사이트를 안겨주었다.

모든 일에 있어 시작도 중요하고 마무리도 중요하지만, 결과를 낸 다음 점검을 해봐야 한다. 그것이 피드백이고 그 시간이 아파야 성장할 수 있다. 스스로 하는 피드백이라 하지 않아도 무관하지만 나를 더 단단하게 해주는 길이라 생각한다면 하지 않을 수 없다. 이에 나는 매일 아침 감사일기 쓰기와 함께 체크리스트를 만드는 시간을 가진다. 정확히 8시 40분이다. 나 혼자 하는 것이 아니라 8시 40분까지 출근한 사원들과 함께 나눈다. 어제의 감사한 일 세 가지와 오늘 해야 할 일 세 가지를 기록하고, 육성 과정 밴드에 공유한다. 또 어제 기록한 오늘 해야 할 일의 실천 피드백도 한다. 오후 5시 복귀 시스템으로 퇴근 전에 하면 좋겠지만, 영업 현장 특성상 쉽지 않아 이튿날 아침에 하는 것이다. 다들 처음에는 어색해했지만 몇 번 연습해보면 감사한 일도, 오늘 할 일도 곧잘 적는다. 나는 이 시간이 스스로 피드백하는 습관을 갖게 해준다고 믿는다. 육성 과정을 수료해도 몇 개월 동안 근육을 키웠기에 혼자서도 할 수 있는 것이다.

한 달에 한 번 실시하는 RP경진대회도 나를 점검해볼 좋은 도구 중 하나다. RP경진대회란 역할 바꿔 재연하기로, 실제 고객과 상담하는 연습 활동이다. 내가 가진 정보를 얼마나 잘 전달하는지, 나의 화법이 어떤지 등 나의 현재 상태가 여실히 드러난다. 주어진 환경이 어색하기도 하겠지만, 한 달이라는 동일한 시간을 주어도 내용을 정확하게 이해해서 시연하는 사원이 있는가 하면, 그저 보고 읽기만 하는 사원도 있다.

절대평가를 목적으로 하는 것은 아니지만 고객과의 상담이 기본인 보험 영업인에게 있어서는 정기적으로 피드백할 수 있는 귀한 시간이다. 더욱이 이때는 관리자가 아닌 육성 과정 동기의 의견도 들을 수 있어 의미 있다. 그 가치를 알고 이것을 성장의 발판으로 삼아 열정을 갖고, 진지하게 연습하는 사원의 결과는 뭐가 달라도 다르다. 암기가 쉽지 않음을 모르는 건 아니다. 조금 전 들은 이야기도 뒤돌아서면 까맣게 잊을 만큼 세월의 흔적이 있는 사람은 더더욱 그렇다. 그래서 피드백을 해야 한다. 내가 노력한 만큼 알아가는 시간이다.

얼마 전까지만 해도 한 달에 한 번 과정을 마무리하면서 인증시험을 치렀다. 육성 과정에서 배운 부분을 시험을 통해 확인하는 시간이었다. 참여하는 데 의의를 둔 이 시험은 점수가 과정 수료에 영향이 있지는 않았지만, 많은 사원이 스트레스를 받는다고 했다. 반면 '정확히 알 수 있어서 좋다', '헷갈렸던 부분이 명확해졌다' 등의 긍정적인 반응도 꽤 있었다. 회사 자체에서 진행한 이 시험은 담당자가 변경되면서 없어져, 이후에는 내가 가끔 문제를 제출해 테스트하곤 했다. 그렇게라도 시도해보니 좋은 점이 더 많아 부활하게 되었다.

피드백은 반드시 필요하다. 나의 현주소를 확인하는 것이기에 가치 있는 일이다. 다 함께 공유하고 체크해보는 것도 나쁘지 않지만, 스스로 피드백할 때 그 시간이 더 값진 것임은 틀림없는 사실이다.

적자생존의 정신으로

"쉬지 말고 기록하라.

머리를 믿지 말고 손을 믿어라."

– 다산 정약용

적응(適應)

1. 일정한 조건이나 환경 따위에 맞춰 응하거나 알맞게 됨.

2. 생물이 주위 환경에 적합하도록 형태적·생리학적으로 변화함.

   또는 그런 과정.

3. 주위 환경과 생활이 조화를 이룸. 또는 그런 상태. 환경을 변화시

   켜 적응하는 경우와 스스로를 변화시켜 적응하는 경우가 있다.

'적응'의 사전적 정의는 이와 같다. 이 가운데 나는 3번에 의미를 두

고 깊이 이야기하고 싶다. 환경을 변화시켜 적응할 것인가? 내가 변화해 적응할 것인가? 사실 정답은 이미 나와 있다. 환경을 변화시키는 일은 쉽지 않기 때문이다. 그것이 가능해지려면 많은 변화가 있어야 한다. 그러므로 주어진 환경에 내가 잘 적응해야 살아남을 수 있다. 영업인도 마찬가지다. 영업이라는 환경에 내가 적응해야 성과를 낼 수 있고 오래 해나갈 수 있다.

처음부터 영업 환경에 적응하는 것이 쉽지만은 않다. 지금까지 살아온 환경과 전혀 다른 세계가 펼쳐지는 탓이다. 이에 무엇을 어떻게 해야 할지 몰라 우왕좌왕하는 모습을 보인다. 더욱이 정확한 기준이 없어 내가 하고 있는 방식이 맞는지, 아닌지도 모른다. 눈 깜짝할 사이 시간은 흐르고, 뒤돌아보면 이렇다 할 성과가 없어 허무함이 밀려온다. 결국 '이 일이 나에게 맞는 일인가?'에 대한 고민까지 치닫는다. 해답을 찾으면 다행이지만, 이 상황이 반복되면 일을 관두는 것은 시간문제다. 이는 영업인에게만 해당하는 사항은 아닐 것이다. 그러므로 어떤 상황이든 적응하도록 노력해야 한다.

나 역시 육성팀장이 된 초반에 적응하기 힘들었다. 설계사와 관리자의 경계선 위치였던 것이 가장 큰 이유였던 것 같다. 그래서 나는 설계사와 관리자의 입장이 일치하지 않을 경우 어떤 선택이 최선인가를 두고 고민했고, 그 경험이 차곡차곡 쌓인 지금에서야 상황별로 대처할 힘이 생겼다. 이렇게 되기까지 10년의 세월이 필요했다. 오랫동안 한자리에서 묵묵히 역할에 충실하다 보니 적응되었다고 할 수 있다. 그렇다고 시간만 지나가길 기다렸던 것은 아니다. 영업 현장 특성상 그럴 수 있는 곳도 아니다. 나는 나만의 무기를 장착했다. 바로 기록이다. 적자생존. 흔히 알고 있는 사전적 의미로는 '환경에 적응하는 생물만이 살아남고, 그렇지 못한 것은 도태되어 멸망하는 현상'이며, 한자로는 '適者生存'으로 표기한다. 그러나 내가 말하는 적자생존은 다른 의미다. '적=적다, 기록하다', '자=者, 사람', '생존=生存, 끝까지 살아남다', 다시 말해 '기록하는 사람이 끝까지 살아남는다'라는 의미다.

수많은 성공자가 기록의 힘, 메모의 힘을 말하지만 이를 습관화하는 것이 참 어렵다. 중요성도 알고, '해야지'라고 마음먹어도 허구한 날 작심삼일로 끝난다. 현실이 이렇지만 영업 현장에서 기록은 결코 없어서는 안 되는 도구다. 교육이야 지정된 시간에 진행하지만 하루 두세 건의 고객 미팅이 있고, 이 스케줄도 수시로 변경된다. 스케줄 기록만 해서 되는 것이 아니라 고객 상황, 필요한 정보 등 숙지해야 할 것이 한두 가지가 아니다. 이 모든 걸 머릿속으로 기억한다는 것은 웬만한 초능력이 아니고서는 불가능한 일이다. 천재로 알려진 알버트 아인슈타인조차 "기억하기 위해서가 아니라 잊기 위해서 메모한다"라고 하지 않았던가. 잡념을 지우고 중요한 것을 남기기 위해 기록하는 것이다.

그래서 나는 교육 과정마다 "메모하세요"라는 말을 수시로 하면서 전산 관리, 상품 관련 전산 등 기록할 수 있는 것은 모조리 하라고 한다.

육성팀장이 하라고 하니 다들 기록을 하기는 하는데, 또 하나의 문제가 있다. 어디에 기록했는지 찾지를 못하는 것이다. 웃지도, 울지도 못하는 상황에 어디에 기록해야 하는지 알려주는 교육까지 한다.

지금부터 내가 정리한 '영업인의 기록 6단계'를 알려주려고 한다.

첫 번째 기록은 고객에 대한 기록이다. 보험 회사에 처음 입사하면 휴대전화에 입력된 명단을 기록한다. 영업을 시작하려면 '누구에게 영업할 것인가?' 하는 대상이 있어야 한다. 그러므로 휴대전화 명단 정리 과정은 굉장히 중요하다. 이때 빠트리지 않고 하는 이야기가 있다. "영혼 넣지 말고 명단 옮기세요"다. 다른 이유는 없다. 자기 생각을 넣으면 명단을 옮기면서 고객을 선별하기 때문이다. 친한 고객, 친하지 않은 고객, 연락 가능한 고객, 연락할 수 없는 고객 등. 심지어 계약할 고객인지, 아닌지도 판단해버린다. 이렇게 되면 휴대전화 속 명단은 500명, 1,000명을 넘어가지만 정작 내가 작성한 명단은 100명도 채 되지 않는다. 관계가 넓지 않은 사람은 달랑 10명 적어놓고 "영업할 사람이 없어요"라며 울상 짓는다.

하지만 이것은 착각이다. 영업은 내가 하는 것이고, 결정은 나의 정보를 들은 고객이 하는 것이다. 내가 안 해도 될 생각에 에너지를 쏟지 않았으면 한다. 사실 휴대전화에 저장된 사람은 여러 가지 의미가 있다. 과거에는 주고받은 명함을 하나하나 확인하며 휴대전화로 옮겨 저장하는 번거로움이 있었지만, 번호를 알아내는 것이 어렵지는 않았다. 반면 요즘은 개인정보보호법에 의해 상대방이 먼저 알려주지 않으면 휴대전화에 저장하기까지 시간이 걸린다. 이해관계가 명확해야 하기 때문이다. 이러한 이유로 휴대전화에 새겨진 모든 사람은 소중한 고객이다. 이렇게 이야기하면 "매장 전화가 많아요"라고 하는 사람이 있는데, 그건 내가 그만큼 단골로 가는 곳이 많다는 의미다. 당연히 그곳도 내가 영업 활동을 펼칠 수 있는 자원이자 무대다. 다시 말하지만, 명단을 작성할 때 절대 영혼을 넣어서는 안 된다. 아쉽게도 지금은 사용하지 않는 011·017·019로 시작하는 번호가 남아 있기도 하다. 새로운 번호를 알게 되면 좋겠지만, 휴대전화의 복잡한 환경을 정리하는 계기가 될 수 있으니 나쁜 것만은 아니다.

영혼 없이 명단을 모두 옮겨 적었다면 A·B·C 그룹으로 나눈다. A는 자주 만나는 사람으로 영업 이야기를 바로 할 수 있는 사람, B는 6개월에 한 번 정도 만나는 사람, C는 연락처만 있는 사람이다. 이때도 사원들이 많은 생각을 한다. 친밀도 정리를 하면 당연히 C가 많다. 휴대전화에 있는 모두와 A 관계를 유지한다면 그 사람의 하루는 하루 24시간으로도 부족할 것이기 때문이다. 이는 너나없이 같은 상황이다. 그런데도 걱정이 태산이다. 하지만 반대로 생각하면 나에게 할 일이 생겼으니 반가운 일이다. 이제부터 C에 있는 사람들을 A로 만들면 된다. 본격적으로 영업을 시작하면 나의 휴대전화에 있는 사람들과 친밀도가 높아진다. 매달 새로운 고객을 만나고, 소개도 받는다. 그러면 고객 명단 수는 계속 늘어나고 나의 재산이 된다. C 고객이 A 고객이 되었을 때의 보람은 두말하면 입 아프다. 그것은 큰 동기부여가 된다.

두 번째 기록은 첫 번째 작성한 명단을 바탕으로 월별로 만날 고객을 기록하는 것이다. 한마디로 타깃리스트라 할 수 있다. 한 달에 100명을 만나겠다는 목표로 계획을 세우고, 이를 실천해나가면 영업 걱정은 한결 줄어든다. 이 기록은 시간 계획도 함께 할 수 있는 장점이 있다. 사실 계획 없이 활동하는 것만큼 비효율적인 것이 없다. 월초에 타깃을 정리하고, 앞서 분류한 A·B·C 그룹을 확인하면서 만날 사람을 생각하고 기록해보는 것만으로도 영업 활동에 큰 도움이 된다. 단, A·B·C를 골고루 분산해 만날 것을 추천한다. 왜냐하면 그렇게 해야 고객이 늘어나고, 처음부터 편한 사람만 만나다 보면 내가 선택한 일을 오래 이어갈 수 없기 때문이다.

여기에 더해 월말에는 계획한 대로 만남을 진행했는지, 하지 못했다면 이유가 무엇인지 기록하며 피드백하는 시간을 가진다. 영업을 할 때 가장 어려운 것이 무엇이냐고 물으면, 대부분 "만날 고객이 없는 것"이라고 답한다. 그런데 고객이 없는 것이 아니라 스스로 고객을 정리하고 있음을 알아차려야 한다. 계약할 사람과 하지 않을 사람을 내가 판단해 계약할 사람만을 만나 제안하고 있다. 나의 짐작이 맞아 성과가 나면 좋겠지만 현실은 그렇지 않다. 또 계약할 사람이 아니라, 정확히 말하면 내가 봤을 때 계약할 것 같은 사람이다. 열 길 물속은 알아도 한 길 사람 속은 모른다고 하듯 상대방의 마음은 아무도 모른다. 결정은 고객의 몫이다.

세 번째 기록은 주간리스트다. 타깃리스트는 월간리스트다. 한 달 계획이 정해졌다면 주 단위 활동 계획도 작성해야 한다. 매주 월요일에는 이번 주에 꼭 해야 할 일을 메모한다. 이는 우선순위를 정하는 것과 같다. 계획은 했지만 바쁜 일상으로 놓칠 수 있으니 예방하는 것이다. 그 후, 3일간 계획을 미리 세운다. 일주일이 아닌 3일인 이유는 작심삼일 법칙을 적용한 것이다. 이렇든 저렇든 계획한 3일은 지키게 되어 있다. 일주일의 남은 부분은 3일 후 다시 계획하면 된다.

나도 처음 영업할 때, 일주일 단위로 꽉꽉 채워 계획했다. 그 일정을 지켜내려고 애를 쓰다 보니, 성과는 났지만 시간 여유가 없어 마음의 여유까지 사라진 나와 마주하게 되었다. 그때 비로소 여유 있게 활동하는 것이 필요하다는 생각이 들어 3일 단위로 계획하기 시작했다. 월요일~수요일, 목요일~토요일 계획을 세우는데, 토요일은 휴식을 가져도 좋은 시간이지만 부족한 부분을 채우는 시간으로도 좋기에 한 주 동안 미처 해결하지 못한 부분을 정리하는 시간을 갖는다. 이 시간이 모여 오늘의 나를 만들어왔고 만들어가는 중이다.

네 번째 기록은 일 단위 계획이다. 하루 계획을 세우고 실천하는 기록은 매우 중요하다. 세상 모든 것이 불공평해도 단 하나, 하루 24시간은 누구에게나 동일하게 주어진다. 그러므로 이 시간을 어떻게 관리하고 활용하느냐에 따라 삶이 달라진다. 누구는 24시간을 12시간처럼 쓰고, 누구는 48시간처럼 쓴다. 영업인에게 시간 관리는 아주 큰 화두다. 자유로운 시간 동안 움직이는 모습에 따라 결과가 달라지기 때문이다.

나는 신입사원들에게 8시 40분 출근을 권장한다. 교육은 9시 정각에 시작하지만, 20분 동안 어제 하려고 했던 일과 체크, 오늘 반드시 해야 할 일 점검, 이번 주 할 일 확인 등을 기록하고 작성하며 루틴을 만들어간다. 이렇게 시작한 하루가 일주일이 되고, 일주일이 모여 한 달이 된다. 계획하고 성실히 움직인 사원의 한 달, 한 달은 눈부실 수밖에 없다. 그래서 나는 하루 일정을 구체적으로 작성하라고 한다. 이때 50/15/5/2/5 공식을 적용한다. 하루 10명에게 전화해 약속 잡기, 하루 3명의 고객 만나기, 하루 1명에게 상품 제안하기. 모두 하루 계획이지만 일주일 단위로 보면 50명에게 전화해 약속을 잡고, 15명의 고객을 만나며, 5명에게 상품 제안을 할 수 있게 된다. 이를 반복하면 일주일에 두 건의 계약을 체결할 수 있게 되고, 5명가량 새로운 고객을 소개받거나 만날 수 있게 된다는 법칙이다. 이를 적절히 잘 활용한 사람은 코로나19 상황에서도 하루 1명 이상을 만나며 문제없이 영업 활동을 잘해나갔다.

구체적인 목표가 있다면 길은 생기기 마련이다. 그 길을 만들려면 계획을 해야 한다. 계획 없이 일하다가는 다른 수많은 일에 우선순위가 밀려날 수밖에 없다. 더욱이 영업인에게 일하는 시간은 정해져 있지 않으니, 계획하고 계획한 시간을 눈에 보이게 기록하는 일은 강조하고, 또 강조해도 모자라지 않는다.

다섯 번째 기록은 학습 내용에 대한 기록이다. 보통 기록하라고 하면 활동에 대한 부분만 생각하는데, 학습한 부분을 기록하는 노트도 필요하다. 영업 현장은 굉장히 빠르게 변화한다. 그러므로 학습한 내용을 메모해두지 않으면 순식간에 지나가고 만다. 이 역시 장기 보험, 자동차 보험, 재물 보험 등 세부적으로 나누는 것이 관리하기도 보기도 좋다. 장기 보험의 경우 상품별 특징과 기능, 가입 가능한 주요 연령대, 최저 보험료 등의 기록이 필요하다. 자동차 보험은 주요 할인 특약, 보장 내용, 사진 등을 남겨두면 좋다. 재물 보험은 일반·주택·공장별로 나눠서 학습한다. 일반 물건은 반드시 챙겨야 하는 배상책임이 있다. 또 어떤 업종과 같이 있느냐에 따라 달라질 수 있어 확인할 부분이 몇 가지 있다. 학습 활동에 필요한 기본서가 있지만, 나만의 학습 노트가 있어야 한다. 내가 알아보기 쉽게 정리하는 것으로 상품에 대한 이해도가 올라가는 것은 물론, 학습 노트가 쌓여감에 따라 변화하는 상품 시장에서 나의 스타일을 찾을 수 있는 밑거름이 된다.

마지막으로 할 기록은 고객과 상담한 내용이다. 상담 기록은 고객과의 첫 만남부터 시작된다. 고객의 이름, 연락처뿐만 아니라 어디에서 만났고, 어떤 이야기를 했는지, 고객의 관심사는 무엇인지 등 고객과 나눈 대화를 요약한다. 또 고객 가족의 구성원, 배우자 나이와 직업, 자녀 이름과 나이 등 최대한 많은 정보를 담는 것이 핵심이다. 이 기록은 한 번에 그치는 것이 아니다. 만날 때마다 기록하고, 선물했다면 어떤 물품인지도 적어둔다. 고객 입장이 되어 하나라도 더 챙기고 이를 통해 고객에게 남다른 사람이 되기 위함이다.

나 역시 영업을 처음 시작할 때부터 고객과 만난 시간, 장소, 고객에게 준 선물 등 모든 것을 기록했다. 또 다음 만남이 있는 날, 기록했던 내용을 확인하고 중복되지 않게 이야기하고 선물했다. 이런 작은 기록이 나만의 차별화가 되어 나를 성장하게 했다.

기록의 형식이 중요하지는 않다. 기록 자체를 습관으로 만들고, 내 것으로 만드는 것이 포인트다. 매일 하는 것이 부담스럽다면 생각날 때마다 정리하는 방법도 좋다. 내가 생각하는 기록의 장점은 일의 우선순위를 실천하게 하고, 놓칠 수 있는 것을 꺼내어 확인할 수 있는 도구라는 부분이다. 이 기능을 충분히 발휘하면 디테일은 자연스럽게 따라오게 되어 있다.

기록은 때때로 일과 일 사이를 채워주기도 한다. 내게 주어진 황금 같은 시간을 의미 없이 흘려보내지 않게 해준다는 뜻이다. 기록이 쌓여야 내가 하는 일의 확장성을 가져올 수 있다. 그런 의미로 영업인에게 있어 기록은 영업인을 더 빛나게 해준다. 기록을 다른 말로 표현하라면 '눈에 보이는 기억'이라 할 수 있다. 고객과 함께한 순간을 기록하지 않으면 시간의 흐름에 따라 사라지지만, 그날그날 메모해두면 영원히 붙잡아둘 수 있다. 일정한 곳에 기록하라는 이유도 이 때문이다. 필요할 때마다 꺼내볼 수 있어야 기록이 제 역할을 할 수 있다.

그래서 나는 기록장에 이름을 붙인다. 기록에 대한 피드백 시간도 별도로 갖는다. 이 시간이 없으면 흰 것은 종이요, 검은 것은 글씨에 지나지 않는다. 이러한 행동이 익숙하게 될 때까지는 시간이 걸릴 수밖에 없다. 다만 그 시간도 계획이라는 기록으로써 만들어갈 수 있다. 방법을 알았다면 실천해라. 그 실천으로 나의 미래가 달라진다.

다시 한번 말하지만 적어야 살아남는다. 적어야 할 일이 생기고 살아나갈 수 있다. 매 순간 적으면서 살아가자. 기록하면서 변화하는 나를 발견하고, 축적의 성공을 경험하자. 매일 기록하고 목표를 달성하는 작은 성공의 경험은 큰 성공으로 나아가게 해주는 원동력이 된다.

05

연습이 가져다준 열매

"나는 연습에서든, 실전에서든 이기기 위해 농구를 한다.
그 어떤 것도 승리를 향한 나의 경쟁적 열정에
방해가 되도록 하지 않겠다."

– 마이클 조던(Michael Jordan) –

성공한 사람에게서 공통으로 나오는 이야기가 있다. 바로 연습이다. 세계적 피겨 여왕으로 인정받는 김연아 선수는 하루 1,000번 이상 엉덩방아를 찧으며 연습했다고 하고, 박지성 축구 선수와 발레리나 강수진의 발을 보면 얼마나 피나는 연습을 했는지 알 수 있다. 특히 올림픽만 나가면 무연패를 기록하는 우리나라 국가대표 양궁도 실전과 같은 연습에서 비롯된 결과다. 올림픽 경기장을 그대로 옮겨온 듯한 선수촌 모습, 카메라 셔터음, 관객의 환호 소리, 방송 소리 등을 똑같이 설정해 소음에도 흔들리지 않는 훈련을 실시하고, 바람, 습도 등 시시때때로 변하는 환경에도 오로지 승부에 집중할 수 있는 연습을 한다. 실전 같은 경험을 통해 나의 결과를 만들어가는 것이다.

일반인도 다르지 않다. 공부 잘하는 학생들은 기본적으로 엉덩이 힘이 있다. 물론 오래 앉아 있다고 해서 공부를 잘하는 것은 아니지만, 효율적으로 학습하되 누구의 엉덩이가 더 무거운가에 따라 점수가 달라진다. 영어 단어 하나라도 더 암기하는 힘, 수학 문제를 하나라도 더 풀어보는 힘. 그것이 실전에서 실력을 발휘할 수 있게 한다. 잘하고 싶다면 열심히, 그리고 꾸준히 연습하는 수밖에 없다. 잘할 수 있도록 경험을 쌓아야 한다. 영업인이라고 해서 별반 달라질 게 없다.

그렇다면 어떤 연습을 해야 할까? 영업 활동이 대부분 고객과의 만남으로 이뤄지니 상담 연습, 즉 말하기 연습을 해야 한다. 신입사원이 가장 어려워하는 부분이기도 하다. 어떻게 말해야 할까에 대한 고민이 상당하다. 상품을 공부하고 익히는 것까지는 내가 하면 된다. 그러나 상담은 내가 학습한 것을 고객에게 전달해서 이해시키고 설득까지 해야 한다. 대화의 스킬이 요구되는 순간이다. 그렇기에 상담 연습을 여러 방식으로 시도한다. 실제로 고객에게 설명한다는 가정하에 재연해보는 것이다. 이때 꼭 알아야 할 기초 화법을 연습한다. 아주 기초적인 내용이지만 매일 10분씩 반복하면, 나도 모르는 사이 나에게 스며들어 자신감 있게 말하게 된다. 사실 말하기는 자신감이 답이다. 자신감이 있어야 고객과 마주 앉았을 때 확신을 갖고 말할 수 있고, 대화 시간도 늘어난다.

대화 시간이 늘어나면 성공 확률도 높아진다.

화법 만들기 시간도 갖는다. 기초 화법은 회사에서 매뉴얼로 만들어 둔 화법이다. 수많은 경험을 통해 구성된 노하우다. 하지만 언제까지나 앵무새처럼 그것을 흉내 낼 수는 없다. 제시된 내용 모두 입에 착착 감기면 좋겠지만, 어딘가 모르게 어색하고 입에 붙지도 않는다. 이야기하기 불편한 단어도 섞여 있다. 그래서 기초 화법 매뉴얼을 바탕으로 나만의 스타일로 바꿔본다. 고객을 만나 직접 이야기해야 할 사람은 나 자신이기에 내가 말하기 쉬운 단어와 문장으로 구성해보는 것이다. 그래야 고객에게 전달하기 쉬워진다.

하나의 화법을 배웠다면 반드시 내가 사용할 수 있는 단어로 바꾸는 작업을 해야 한다. 또 바꾼 단어로 문장을 만들어 녹음한 후 언제 어디서든 듣는다. 녹음해두면 두 가지의 좋은 점이 있다. 먼저 이동 중이거나 잠들기 전 등 내가 원할 때마다 반복해서 들으며 연습할 수 있다. 다른 하나는 평소 내 목소리를 듣는 것과 내 목소리를 녹음해서 듣는 것은 차이가 있는데, 녹음을 활용하면 발음, 속도 등 나의 목소리 상태를 확인할 수 있어 효과적이다. 화법 익히기에는 반복만큼 효과적인 게 없다. 계속 듣고 따라 해보고 부족한 부분을 보완해나가야 실력이 올라간다. 이 훈련이 계기가 되어 회사에서 '스마트 튜터'라는 화법 연습 앱을 개발했다. 더욱 많은 사원이 적극적으로 활용할 수 있도록 아침 정보미팅 시간에 앱을 이용해 한 문장이라도 말해보게 한다.

앞서 살짝 등장했던 RP경진대회도 화법 훈련의 좋은 기회다. RP는 'Role Play'의 약자로 역할 바꾸기의 'Changing Role'에서 파생한 용어다. 사원들이 설계사가 되기도 하고, 고객이 되기도 하면서 말하기 연습을 한다. 타이틀이 경진대회이기는 하지만, 평가가 아닌 각자 연습한 것을 점검하는 시간이라고 이해하면 된다. 한 달 동안 열심히 연습한 것을 실제 상황이라는 설정으로 시연해야 하는데, 아무리 동료들 앞이라지만 긴장되는 것은 어쩔 수 없다. 교육 과정이라 일방적으로 듣는 입장이 되는 상황이 많고, 자리에 앉아 말했을 때와 모두가 바라보는 상황에서 말할 때의 기분은 달라도 한참 다르다. 그래도 다른 사람의 화법을 들어보고 나와 다른 점을 생각해볼 수 있다는 장점이 있다. 또 잘하는 것은 유지하고 부족한 부분은 채울 기회가 된다.

RP경진대회를 처음 도입한 당일, 결근하는 사원이 많았다. 그래서 다음 달에 단독으로 발표하게 했다. 어떻게든 하게 만드는 것이다. 그랬더니 함께하는 것의 효과를 알고 더는 결근하는 사원이 발생하지 않았다. 말하기는 내가 익힌 것에 대한 나의 생각을 정리하는 마지막 단계다. 입밖으로 내뱉으며 설명한다는 것은 명확하게 알게 되었다는 증거다. 이는 거듭된 연습이 만들어준다. RP경진대회를 통해 나와 동료들이 변화하는 모습만 봐도 알 수 있다. 처음에는 어색하지만 6개월이라는 시간이 설계사다움을 만들어준다. 설계사가 되어 간접 상담을 진행하고, 고객이 되어 설계사에게 필요한 부분을 고민하면서 설계사로서의 나의 모습을 거듭해 그려볼 수 있는 덕분이다. 더욱이 이때 익힌 화법은 현장에서 즉각 활용할 수 있어 홀로서기를 훨씬 쉽게 해준다. 자신감이 생기는 것이다. 익숙해진 자신감은 어떤 상황에서도 일을 추진하게 하는 힘을 준다.

결코 빼놓을 수 없는 연습 중 하나가 설계다. 다른 영업인과 다르게 보험 영업은 설계를 해야 한다. 설계사를 사전에서는 '실제적 계획을 세우고 구체적인 도면을 그려 명시하는 사람'이라고 칭한다. 영어로는 'designer'라고 표기해둔 것을 볼 수 있다. 한마디로, 어떤 대상을 디자인하는 사람이라고 볼 수 있다.

그렇다면 보험설계사에게 디자인 대상은 무엇일까? 바로 상품 설계다. 설계를 처음 하게 되면 무엇을 어떻게 해야 할지 모른다. 전산 화면에 진입하는 방법부터 생소한데, 그 환경에 적응하는 것부터가 시작이다. 육성 과정을 진행하다 보면 사원마다 컴퓨터 활용 능력이 천차만별이다. 자유자재로 다루는 사람이 있는가 하면, 독수리 타법으로 겨우겨우 타이핑하는 사람까지 각양각색이다. 그도 그럴 것이 동료라고 해서 같은 또래가 아니기 때문이다. 20대 청년부터 40~50대 중년까지 나이 차이가 스무 살을 훌쩍 넘길 때도 있다. 상대적으로 PC 사용이 익숙한 젊은 층이 유리할 수밖에 없다.

그러나 서툴러도 걱정할 필요는 없다. 처음에는 걱정되고 두렵겠지만 상품 설계는 연습하기 나름이다. 이는 컴퓨터와 친하든, 친하지 않든

무관하다는 뜻이다. 내 이름을 걸고 고객 상황에 맞춰 설계해나가면 경험이 쌓일수록 나만의 스타일이 생기고 힘이 생긴다. 물론 전산이 필요 없다는 말은 아니다. 반드시 넘어야 할 산이고, 영업을 계속하는 한 함께 가야 할 친구다. 이런 전산은 시작과 함께 나도 힘들어지고, 신입사원들에게서도 곡소리가 나온다.

나는 개인별 실력 차이가 심한 탓에 일대일 코칭을 해야 해 힘들고, 신입사원들은 서툴기도 하지만 처음 접하는 것이라 힘들다. 어렵다는 생각에 시도조차 하지 않으려고 한다. 부득이하게 설득 작업부터 해야 한다. 영업 활동과 병행해야 하니 시간에 쫓겨 부담스럽다는 것을 이해하지 못하는 것은 아니다. 그래도 전산 활용 없이 보험 영업을 이어갈 수 없으니 하지 않고는 안 된다.

단계별로 시작해 연습하면 안 될 것도 없다. 그리고 전산에서는 많은 것이 이뤄진다. 메인 화면에는 업무 공지, 개인별 메일 및 팩스 확인하는 법 등이 구성되어 있고, 고객 개인 정보를 등록하면 고객 보험을 확인할 수 있는데, 이는 고객에게 정보를 전달하는 도구로 사용할 수 있다.

육성 과정에서 교육은 자동차 보험을 보험개발원에 등록하고 조회하는 법, 장기보험상품별 특징 확인과 설계하는 법, 담보별 설계하는 법을 배운다. 담보별 설계는 보험 가입의 가장 높은 비율을 차지하는 실손보험의 진단비별 조합을 진행해본다. 예를 들어 암 보장 관련 암 진단비, 암 수술비, 직접 수술과 약물 치료, 방사선 치료로 분리해보고, 방사선 치료도 표적항암약물허가 치료비와 표적방사선 치료비 상황을 설계한다. 또 양성자 치료비와 암 입원비, 암 통원비 등 질환별로 필요한 보장을 나눠 담보 조합을 구성하고, 상품별 기능을 찾아 고객 상황에 맞춘 기능별 상품을 도출하는 것으로 마무리한다.

이때 제안할 설계는 3의 법칙을 적용한다. 제안 상품이 두 개일 경우 양자택일을 해야 한다는 느낌이라 고객이 선택하지 않을 가능성이 있어, 반드시 선택하게 하려면 세 개의 설계도를 준비하는 것이다. 첫 번째는 보장이 가장 높은 설계도, 두 번째는 고객과 상담하며 조정할 수 있는 설계도, 세 번째는 최소한의 비용으로 필요한 보장을 받을 수 있는 설계도로 더 이상 물러날 곳이 없는 조합이다. 이런 과정을 거쳐야 하니 보험설계를 처음 접하는 신입사원 입장에서는 머리도 아프고 난처하다. 하지만 설계하지 않는 설계사는 있을 수 없다. 그것은 설계도 없이 집을 짓겠다는 말과 같다. 게다가 우리는 고객의 미래를 책임져야 할 막중한 의무가 있지 않은가. 그러니 한 사람의 운명을 책임진다는 마음으로 더 많이 고민하고, 더 많이 훈련하며, 더 많이 경험해야 한다.

경험이 쌓이면 최선의 해답을 찾아가는 길이 보인다. 이에 나는 매일 다섯 건의 설계 연습을 해보라는 과제를 제시한다. 다른 고객을 대상으로 다섯 가지 상품 또는 담보 조합으로 설계하든, 한 고객을 대상으로 다섯 건의 다른 상품을 설계하든 선택은 자유다. 어떤 형태든 설계할 수 있으면 된다. 설계를 해야 상품을 보는 눈이 생기고 확장된다. 이론으로만 알고 있는 상품은 고객별로, 상품별로 설계하는 전산 실습과 병행해야 명확히 이해할 수 있다. 고3 수험생에게만 엉덩이 힘이 필요한 게 아니다. 영업인으로 성장하려면 엉덩이 힘은 필수다.

PART 05

성공한 사람들이
지킨 기본

01

기록을 통한 월 3,000만 원

"기록을 하면 한 달 전, 일주일 전의 나와 정확한 비교가 가능하고,

한마디로 '막연한 차이'가 아닌 '정확한 차이'로 인지할 수 있다."

– 모 가댓(Mo Gawdat)

많은 사람이 성공한 사람에게는 특별한 비결이 있을 것으로 생각한다. 하지만 정작 성공한 사람들에게 물어보면 마치 대입 수학능력시험 만점자가 교과서를 중심으로 학교 수업에 충실했다고 하는 것처럼 지극히 평범한 이야기를 한다. 영업으로 성공한 사람도 마찬가지다. 회사에서 알려주는 기본 틀을 중심으로 활동해나간 사람이다. 회사마다 신입사원들을 대상으로 하는 교육 과정 기간과 내용 등이 다르고, 동일한 회사라 하더라도 시대 변화에 따라 수정·보완하기는 하지만 큰 틀은 바뀌지 않는다. 최선의 상황을 제공하고자 고민한 결과물을 적용할 뿐 기

본 바탕은 달라지지 않는다는 뜻이다. 그럼에도 불구하고 사원마다 성과가 다른 이유는 알려준 기본 매뉴얼을 받아들이는 것도, 풀어나가는 방식도 달라서다.

내가 육성 과정을 운영하면서 가장 강조하는 기본은 기록이다. 기록은 시간 관리와도 연결되어 있고, 나의 상황을 점검하는 것과도 연결되어 있다. 지겹도록 이야기하지만, 영업의 장점은 시간의 자율성이다. 그런데 이것이 치명적인 단점이 될 수도 있다. 결국 본인이 어떻게 관리하느냐에 따라 자유를 제대로 누릴 수도 있고, 독이 되어 스스로 무덤 파는 상황과 마주할 수도 있다.

이에 나는 신입사원들에게 시간 관리를 제대로 하지 않으면 할 일 없는 백수와 다르지 않다고 설명한다. 우리 회사에서는 시간 관리 도구로 'WSP(Weekly Success Planner)' 양식을 사용한다. 이는 2013년에 도입되었는데, 주간 활동을 계획하는 데 용이하다. 주간 활동의 기본은 고객과의 만남이다. 월 단위로 만날 고객을 설정한 다음, 주 단위와 일 단위로 나누어 다시 계획한다. WSP가 계획적인 영업 활동을 할 수 있도록 도와주는 셈이다.

기록이라 하면 많은 이들이 실행한 것을 기록한다고 생각하지만, 영업인에게 우선되어야 할 것은 해야 할 일에 대한 기록이다. 만날 고객을 계획해야 영업 활동을 할 수 있다. 그런 의미에서 WSP는 훌륭한 시스템이다. TO-DO 리스트 형식으로 할 것을 계획하고, 계획한 것을 실행했는지 피드백까지 할 수 있는 종합적인 양식이기 때문이다. 그러나 우리는 지금까지 일기처럼 지나간 일을 기록하는 것에 익숙해져 있어, WSP를 작성하는 것이 쉽지 않다. 뭐든 안 해본 것은 어려운 법이다. 재미있는 것은 기록의 힘을 믿지 않고 이리저리 피하는 사람보다 어떻게든 노력하는 사람이 오래 남는다는 사실이다.

약 5년 전, 30대의 젊은 친구가 입사했다. 의류 매장을 운영하다 여러 가지 어려움을 겪고, 보험 영업을 시작한 설계사였다. 예쁘고 자신감 넘치는 성격이라 첫인상이 좋았다. 교육 수료를 잘하면 성공할 수 있겠다 싶었다. 본격적으로 교육이 시작되고, WSP 기록을 강조하는 나에게 그 친구는 "정말 열심히 기록하면 성공하나요?"라고 여러 번 물었다. 사업하면서 어려운 일을 겪었던 터라 의심이 많은 상태였다. 나는 당연히 "네, 써 보세요. 월간 계획부터 세우고 주간·일 계획대로 실천하면 됩니다. 마지막에는 항상 피드백 시간을 갖고요. 그렇게 활동량을 늘려 나가면 됩니다"라고 답했다.

물론 첫 달에는 고객 명단 정리가 쉽지 않았다. 다행히 어머니의 적극적인 후원이 있어, 조금씩 고객을 늘리면서 활동을 이어나갔다. 그리고 기록하는 방법을 익히더니 WSP 양식이 꽉 차도록 기록하면서 현장으로 나갔다. 시간이 흘러 육성 과정을 수료했고, 1년이 흐른 시점에 개인적으로 연락해 "WSP를 더 구할 수 있을까요?"라고 물었다. 육성코치로서 대견하고 뿌듯했다. 그로부터 얼마 지나지 않아 '골드멤버' 수상자로 선정되었다는 소식을 들었다. 회사에서는 매년 영업 매출 우수자를 선정해 시상하고 축하하는 자리를 마련하는데 그 명단에 오른 것이다.

육성 과정 때부터 내가 하는 말을 믿고 따라주어 실적에 두각을 나타냈지만, 입사 초반에는 흔히 있는 일이라 그러려니 했다. 그런데 지점에 복귀하고도 잘한다는 이야기가 들려왔고, 크고 작은 상도 받는다고 했다. 내심 골드멤버가 될 것이라고 기대했는데 짧은 시간 안에 달성했다. 그 후 그녀는 매해 골드멤버의 자리를 지키고 있고, 수상소감을 말할 때마다 WSP가 자기 영업의 기본이 되었다는 이야기를 빠트리지 않는다. 나는 이 같은 우수 사례를 놓치지 않고 골드멤버가 된 첫해에 '선배와의 대화'의 선배로 그녀를 초빙했다. 그때 들고 온 것도 매일 빼곡하게 적어나간 여러 권의 WSP였다. 거기에는 그간의 노력과 기쁨이 고스란히 담겨 있었다. 후배들 앞에 당당히 서서 WSP의 중요성을 이야기하는데, 얼마나 흐뭇했는지 모른다.

입사 초반에는 다들 무엇이든 열정적으로 참여한다. 하지만 꾸준히 지속하는 힘은 사람마다 다르다. 그리고 그 힘을 믿고 자기 삶에 적용해나가는 사람의 결과는 뭐가 달라도 다름을 다시 한번 느꼈다. 그녀의 성장은 거기서 끝나지 않았다. SM이 되어 팀을 운영한다고 하더니, 얼마 후에는 TC(Total Consultant) 채널을 새롭게 도전한다고 했다. 그러다 지난해 5월에는 팀 인원이 많아져 육성 과정이 필요하다며 도움 요청을 해왔다. 이에 현재, 그 팀에서 함께 호흡을 맞추고 있다. 골드멤버가 되었으니 그녀의 소득은 당연히 높다. 그런데도 여전히 그녀의 책상 위에는 WSP가 펼쳐져 있다. 자세한 내용은 알 수 없으나, WSP를 볼 때마다 생각한다. '기록은 배신하지 않는다. 기록은 경험을 극대화해준다. 기록은 시간 관리의 최적의 친구다.'

종종 WSP를 공유해달라고 연락하는 교육생들이 있다. 나는 이 연락이 그렇게 기쁠 수 없다. 제대로 활용한다면 필요할 수밖에 없음을 알고 있어서다. WSP가 처음 도입된 2013년부터 불과 2년 전까지 작성한 WSP를 바탕으로 매일 활동 면담을 했다. 어떤 계획을 세웠고, 누구를 만나 어떤 이야기를 할 것인지, 무엇을 중점적으로 활동할 것인지 등 사전 피드백을 해줬다. 면담 없이 활동을 나갈 수 없게 했다.

매일 하는 것이 쉽지 않았지만 사원들을 육성 과정 수료 후 제대로 자리 잡게 하려면 게을리할 수 없었다. 주 단위 피드백은 소요 시간상 금요일마다 WSP를 제출하게 했다. 토요일마다 포스트잇에 응원 문구와 함께 보완할 점을 메모해 돌려주었다. 이제는 육성 과정 밴드의 사진첩을 활용해 공유하는 방식으로 바뀌었지만, 매일 피드백은 지켜나가고 있다. 이렇게 해야 육성 과정 수료 후에도 스스로 잘 지켜나갈 수 있기 때문이다.

분명한 성장과 성과를 불러오는 기록의 힘이 증명됨에도 유독 WSP

를 거부하는 사원이 있다. 그들은 대체로 "뭘 기록을 해요. 그냥 만나면 됩니다", "고객 리스트가 왜 필요해요. 내가 한두 살 먹은 어린아이도 아니고", "알아서 잘할 수 있습니다. 매일 면담하면 팀장님도 피곤하고, 나도 번거롭잖아요"와 같은 말로 요리조리 피한다. 100% 그런 것은 아니지만 기업 대표의 위치에 있었거나, 자영업을 했던 사원이 그렇다. 어르고 달래기를 반복하다 보면 내가 이기나, 사원이 이기나 기 싸움을 하는 것 같기도 하다. 그러면서 다짐한다. 사원이 설계사로서 정착할 수 있게 하려면 내가 이기는 싸움이 되어야 한다고.

정착하면 나의 마음을 이해해주리라 믿으며 아침마다 전쟁을 치른다. "오늘 뭐 하실 거예요? 누구 만나실 거예요?"라고 묻는 것이다. 그리고 허술하게 끄적인 내용을 보며 "이렇게 작성하면 기록이 안 됩니다. 고객 리스트 다시 정리하고, 월초에 월간 계획 정리하세요. 또 주간 단위로 만날 고객 다시 선정하고, 매일 제게 WSP 확인받으시고요"라고 해야 할 일을 조목조목 다시 알려준다.

2년 전, 기술직 출신 40대 신입사원이 입사했는데, WSP를 작성하라고 하니 다짜고짜 "저는 이런 거 못 씁니다. 안 해봐서 못 하고요. 쓸 내용도 없습니다"라는 것이었다. 기질적인 고집이 있었다. 같이 입사했던 50대 남성 신입사원은 기업 운영도 했지만, 처음에는 못하겠다고 하더니 계속된 교육에 일단 시키는 대로 해보자며 기록해나가기 시작했다. 또 내가 알려준 대로 A·B·C 그룹으로 나눠 매일 3명을 만나는 고객 활동을 했다. 그런데도 40대 사원은 하는 시늉만 할 뿐이었다. 게다가 내가 면담하자고 하면 싫은 내색을 감추지 못했다.

어느덧 50대 사원은 계획하고, 활동하며, 피드백하는 것이 습관으로 자리 잡혔고, 할 일이 있으니 매일 출근했다. 옆 사람이 변화하는 모습을 보고도 40대 신입은 6개월이라는 육성 과정 기간을 '팀장님은 이야기하세요. 나는 안 하렵니다' 자세로 임했다. 그러던 어느 날, 시간도 흐르고 일은 일대로 안 되는 현실이 답답했는지 관심을 갖고 기록하기 시작했다. 그것이 육성 과정 마지막 달인 6개월에 접어드는 달이었다. 비록 한 달이었지만 이제 갓 입사한 것처럼 기록하고, 기록에 따라 실천하며, 피드백을 받으며 활동했고 수료 후 지점에 복귀했다.

한 달쯤 흘렀을까? 퇴근 무렵, 그 사원이 나를 찾아와 WSP 작성법을 다시 알려달라고 했다. 사정인 즉, 영업 잘하는 선배들에게 물어보니 WSP를 잘 활용하라고 하더란다. 그 말을 듣고 한 달 동안 해보니 이제야 좀 알 것 같다고 말한다. 속으로는 반가웠지만 "진작 내 이야기 좀 듣지 그랬어요" 하고 웃으며 잔소리 한바탕하고 신입사원에게 알려주듯 세세하게 설명했다. 그리고 한두 달이 흘러 전산을 확인했더니 실적이 쌓이고 있었다. 신입사원들이 입사해 육성 과정을 수료하고 나면 관리자로서 수료생들의 활동을 지속해서 확인할 수밖에 없다. 아마 6개월 동안 동고동락하면서 정도 들고, 아이를 물가에 내놓은 듯한 마음이 들어서일 것이다. 그렇다고 실적에 대해 아는 척을 하지는 못한다.

그 사실을 몰랐던 40대 사원은 나에게 WSP 설명을 듣고 간 지 얼마 지나지 않아 나를 다시 찾아왔다. 표정이 밝았다. 자랑하러 온 것이었다. WSP를 작성했더니 시간과 고객 관리가 되면서 이번 달 마감이 잘 되었다고 했다. 덧붙여 팀장님이 왜 그리 WSP, WSP 했는지 알 것 같다며, 진작 할 걸 그랬다고 한다. 부서 이동 직전에도 방문해 "팀장님이 육성 과정 내내 WSP를 이야기하지 않았다면 지금도 기록할 생각을 하지 않았을 거예요. 그랬다면 힘들어서 그만뒀을지도 모르죠"라며 계속 일할 수 있게 해줘서 고맙다고 했다. 비단 이 사원만 이런 인사를 하는 게 아니다. 덕분에 나는 매번 사원들이 전하는 마음을 통해 기록의 힘을 느낀다. 기술직 출신의 40대 사원과 함께 수료한 50대 사원이 6개월 동안 체계를 잘 잡아서, 처음에는 A 그룹 고객만 활동하려고 했던 것을 B·C 그룹까지 확장함으로써 지금까지도 소개받으며 영업을 잘 이어가고 있는 것만 봐도 알 수 있다.

사람마다 적응하는 시간이 달라 시작점도 다를 수밖에 없다. 만약 시작했다면 멈추지 않아야 한다. 그래야 노력이 빛을 볼 수 있다. 이것은 보험 영업에만 해당하는 것이라고 생각하지 않는다. 모든 영업은 기록을 통한 시간 관리가 핵심이고, 이 핵심이 꾸준함이라는 무기와 만났을 때 성장하고 성공할 수 있다. 성공은 단순한 훈련이 반복되면 실현된다. 나는 지금, 이 순간에도 WSP를 통해 눈부시게 발전해나가는 수료생들을 지켜보고 있다. 이로써 WSP, 즉 기록을 강조하는 외침은 육성코치로 일하는 마지막 순간까지 계속될 것이다.

02

아침 7시에 시작하는 골드멤버

"모두가 새벽 4시에 일어날 필요는 없다.
중요한 사실은 언제든 일어나서 움직이는 것이다."

– 조코 윌링크(Jocko Willink)

영업인이 하루를 시작하는 시간은 업종마다 다르다. 자동차 판매 매장은 대부분 아침 6시에 오픈한다. 코로나19 이후 분위기가 많이 달라지긴 했지만, 출근하면서 정장 차림으로 매장 청소를 하거나 매장 앞에서 인사하는 사원들 모습을 많이 보게 된다. 나는 영업을 처음 시작했을 때나, 육성팀장이 된 지금까지도 아침 7시 출근을 지키고 있다. 사원들이 출근하기 전, 하루를 준비하고 사원들과 함께 오늘 할 일을 확인하기 위함이다. 또 아침 정보미팅 자료를 늘 퇴근 전에 준비하지만, 더 좋은 내용을 찾아보려는 의도도 있다.

지난 2017년, 시험 합격도 안 한 남성이 육성실을 찾았다. 사전에 시험 치를 신입이 있다는 이야기를 들었지만 미리 방문한 것이다. 사실 나는 시험에 합격하기 전까지는 친절하지 않으려고 한다. 본격적인 인연이 시작되지 않았으니 섣부른 관심을 보이지 않는 것이다. 그때도 마찬가지로 "시험공부 열심히 하시고, 합격 후에 뵙겠습니다"라고 짧게 인사했다.

이런 나의 모습에 그는 당황한 기색이 역력했다. 분명 지점에서는 지점장을 비롯한 선배들이 격려했을 것이고, 환영도 받았을 것이다. 그런데 다소 담백한 나의 반응이 의아했을 법도 했다. 시간이 흘러 그날을 회상하면서 강렬한 인상으로 남았다고 고백하기도 했다. 예정대로 그 사원은 시험을 치르고 당당히 합격해 출근하기 시작했다.

첫 출근 날, 내가 출근하고 얼마 지나지 않아 뒤따라 들어왔다. 알고 보니 전 직장에서도 영업 파트를 담당했고, 성과도 높았지만 더 이상 발전이 없어 이직한 케이스였다. 기존에 몸에 밴 습관 덕분인지 육성 과정을 진행하는 동안 아침 7시에 출근해 밤 10~11시에 퇴근했다. 자연스럽게 나의 출퇴근도 그 시간에 맞춰졌다. 퇴근은 둘째치고 아침 7시 출근이 쉽지 않았을 텐데, 꾸준히 지켜나갔다. 그만큼 그 신입사원의 열정은 대단했다. 교육 과정도 잘 따라왔고 배운 대로 고객을 만나 제안하고 계약 성사까지 그 누구와도 비교할 수 없었다.

개척 활동도 첫 달부터 진행해 두각을 나타냈다. 솔직히 신입사원에게 개척 활동은 쉽지 않은 영역이다. 모르는 사람에게 다가가 회사를 알리고, 나를 알리며, 상품을 소개해야 하므로 어지간한 배짱이 아니고서는 망설이게 된다. 그럼에도 불구하고 영업 활동을 이어나가려면 하지 않을 수 없다. 설계사가 영업하려면 만날 대상이 있어야 하는데, 지인만으로는 부족하기 때문이다. 나 역시 개척 활동 초기에 시간만 때우다가 마지못해 했던 것이 어느새 주요 활동 무대가 되었다. 해보기 전에는 두렵지만, 해보면 그만큼 매력적인 것이 개척 활동임을 경험으로 깨달은 것이다. 그로 인해 교육 담당자가 되면서 개척 활동을 강조하고, 필수로 활동하게 한다.

이 열정맨이 배정받은 곳은 음식점과 유흥주점이 많은 구역이었다. 부득이하게 늦은 시간 활동도 필요해 시간적 제약으로 다른 여성 설계사가 담당했을 때는 큰 성과를 내지 못한 곳이기도 했다. 예상했던 대로 그는 남다른 열정을 보여주었다. 개척 활동 후 귀소해 보고한 후에도 다시 자기가 맡은 구역으로 나갔다. 늦은 오후부터 영업을 시작하는 매장으로 얼굴도장을 찍으러 다닌 것이다.

그뿐만 아니라 주말도 마다하지 않고 사업주들을 만나러 다녔다. 덕분에 실적도 조금씩 쌓였다. 하루는 개척 활동 후 평소와 달리 속상한 얼굴로 돌아왔다. 이유를 물어보니 한 마사지숍에서 고객들이 불편해하니 앞으로 오지 말아달라고 했다는 것이다. 주로 여성들이 방문하는 곳이었던 것이다. 이에 그 사원은 문만 살짝 열고, 흔적만 남기고 가겠다고 하고 돌아왔는데 아쉬움이 남은 듯했다. 그만큼 열정적인 신입이었고, 붙임성 또한 좋았다. 개척 활동을 하며 만난 매장 사장들에게 아버님, 어머님이라고 부르며 다가갔고, 그런 모습이 보기 좋았는지 고객들은 자녀 보험까지 맡기는 등 신뢰를 쌓아나갔다. 개척 활동을 해본 영업인, 특히 보험설계사들은 알겠지만 처음 본 고객들은 마음의 문을 쉽게 열지 않는다. 그러나 한번 열기 시작하면 본인은 물론, 주변 사람도 소개해줄 만큼 믿는다. 그렇게 되기까지 시간이 필요하며, 그 시간 동안 고객들은 지켜보고 있다. 또 확신이 들면 고객이 먼저 손을 내민다. 모든 사람이 느끼는 감정이 비슷하니 그 사원에게 마음의 문을 열지 않을 이유가 없었다. 그 사원은 비가 오나 눈이 오나 바람이 불어도 계획한 시간에 어김없이 개척 장소로 나갔고, 성실함을 인정받아 성과로 이어지는 기쁨을 맛보았다.

열정적이고 성실하기까지 한 그 사원이 육성 과정을 들을 당시는 교육 기간이 8개월이었다. 정해진 시간 동안 자기 시장을 잘 만들어간 덕분에 그는 홀로서기도 빨랐다. 반면 동기들은 12차 월까지 육성실에서 생활했다. 그 사원이 더 기억에 남는 이유는 그가 보여준 열정과 성실함으로 인해 나도 초심으로 돌아간 것 같았기 때문이다. 언제나 최선을 다했기에 그는 계약 체결 수와 함께 소득도 늘었고, 육성 과정 동안에도 상을 많이 받았다. 그때마다 고마움을 전해 나를 한껏 울리기도, 에너지를 올려주기도 했다. 육성 과정 교육을 마친 후에도 빛나는 행보가 계속

되었다. 골드멤버 신인상을 받았다며 고맙다는 연락을 시작으로, 상 받을 때마다 잊지 않고 꽃바구니와 함께 내게 감사 인사를 전했다. 매년 골드멤버 수상자 명단에서 그의 이름을 확인하는 것으로도 내게 큰 자극이 되고 있다.

지금은 같은 사무실로 출근한다. 여전히 내가 아침 7시에 출근하면 그는 7시 30분경에 출근한다. 간혹 토요일에 정리할 일이 있어 출근하면 그때도 자리를 지키고 있다. 그 모습을 볼 때마다 무엇이든 꾸준한 것이 쉽지 않은데 대단하다 싶다. 단언컨대 나는 지금의 그를 만들어준 것은 열정과 성실함이라고 확신한다. 어떠한 상황에서도 변하지 않는 모습, 그것이 개척 활동에서도 빛이 되었고, 많은 사람이 그의 진심을 인정한 것이라 믿는다.

개척 활동이라 하면 또 빠트릴 수 없는 이야기가 있다. 바로 2018년에 입사한 산적 3인방이다. 관리자로서 개척 활동 교육을 진행할 때마다 고민하지 않을 수 없다. 익숙하지 않은 환경에 낯선 사람을 상대하는 것이라 그만큼 까다롭기도 하고, 신입사원마다 갈 곳을 지정해주어야 하기 때문이다. 산적 3인방이 탄생한 배경은 이렇다. 10층에 위치한 육성실이 산 정상이라면, 그 산의 두목은 나다. 그리고 3인방은 나의 지시에 따라 무엇이든 하는 것을 보고, 육성 과정 동기들이 붙여준 별명이다.

연령대별로 이뤄진 산적 3인방도 개척 활동을 했다. 당시 회사에서

권장하는 개척 활동의 프로그램으로 회사 상징 컬러를 적용한 '노랑개척단'을 운영하고 있었다. 이는 혼자가 아닌 단체로 개척 활동하는 것인데, 파라솔과 테이블을 설치해야 했다. 그러다 보니 파라솔과 테이블을 펼칠 자리가 필요했고, 영업주의 허가가 있어야 했다. 이에 매장 주인분에게 허락을 받아 자리를 사용하고 고객들이 가망고객으로 등록하거나 보장분석을 하게 되면 허락해준 영업점을 이용할 수 있는 쿠폰을 제공했다.

상가 외에도 행사장을 방문하기도 했다. 행사가 진행되기 전 아침 일찍 도착해 우리 회사 부스를 마련해 행사장 방문자를 대상으로 보장 분석을 진행했다. 대부분의 행사를 주말에 진행하다 보니 사원들에게 참여를 강요하지는 않았다. 자율적이었음에도 다들 적극적으로 함께해주어 고마운 기억으로 남아 있다. 벼룩시장도 찾아갔다. 벼룩시장 특성상 자리를 선착순으로 제공해서 신입사원 중 대표 1명이 일찍 가 줄을 서기도 하고, 사이사이 벼룩시장을 즐기기도 해 종종 그때가 그립다.

성과의 두각을 나타낸 곳은 시장이었다. 산적 3인방은 장사꾼도, 손님도 많이 오가는 오가리솥일장을 1년 동안 공략했다. 나중에 알게 된 사실이지만 시장 상인끼리는 산적 3인방이 처음 개척 활동을 시작할 때 몇 번 오다 말 것이라고 생각했단다. 워낙 많은 보험 영업인이 왔다가 사라지기를 반복했기 때문이다. 그런데 한 달이 지나고, 두 달이 지나고, 1년 가까이 활동을 펼치는 것을 보고 달리 보게 되었다고 고백하더란다. 더욱이 상인들이 식사를 제때 챙기지 못한다는 것을 알고, 먹거리도 챙겨주고, 바쁜 일손도 도와줘 어느 순간부터는 산적 3인방을 기다리는 사람도 생기는 놀라움을 경험했다. 그들만의 스타일로 고객들과 정을 나누며 개척한 것이다. 물론 모든 상인이 반긴 것은 아니었다. 선물만 챙기고, 냉대하기도 했지만 그럼에도 실망하지 않고 얼굴을 자주 내비치며 진심을 보여주는 데 집중했다.

그들은 그렇게 개척은 즐겁게 하는 것이라는 표본을 보여주었다. 산적 3인방은 나에게도 유별난 정을 남기고 갔다. 3인방 모두 다른 지점 소속이라 수료 후, 이대로 헤어질 수 없다고 더 남아 있게 해달라고 간곡히 부탁한 것이다. 이에 나의 임무와 상관없이 그들을 12차 월까지 관리했다. 과정 수료와 별개로 신입사원들이 필요하다고 하면, 최대 12개월까지 코칭하며 도와주는 것이 나의 의무였으니 흔쾌히 수락했다.

내가 앞서 언급한 사원들처럼 모두가 자기에게 맞는 방법으로 개척 활동을 잘해나가면 좋겠지만, 여러 번 이야기했듯 결코 쉽지 않은 영역이다. 이에 회사에서 마련한 것이 상생박스다. 모르는 사람을 대상으로 활동할 경우, 꾸준하지 않으면 결과가 나오지 않는다. 이 단점을 보완하고자 리플릿을 비치할 수 있는 종이박스를 제작했는데, 그 이름이 상생박스다.

상생박스는 지인 대상으로도, 개척 활동 대상자에게도 활용할 수 있다. 예를 들어 내가 자주 가는 단골 매장이 있다고 하자. 그곳에 방문할 때 상생박스를 들고 가는 것이다. 큰 부피를 차지하지 않으므로 양해를 구하고 매장에 설치하고 온다. 그러면 그곳에 방문하는 사람 중 정보가 필요한 사람이 있다면 리플릿을 들고 가 연락할 것이다. 이렇게 되면 나도 개척 활동이 수월하고, 단골 매장 입장에서도 관심 보이는 손님을 연결해주면 되니 판매해줘야 한다는 부담이 없다.

상생박스 활용도를 한 단계 업그레이드하는 방법도 있다. 처음 설치할 때는 매장에서 많이 사용하는 종이컵 한 박스를 전달하고, 그 후에는 방문할 때마다 작은 선물을 준비해간다. 선물의 크기는 중요하지 않다. 그저 상생박스를 설치해준 데 대한 고마움을 전하면 된다. 또 선물을 주게 되면 빈손으로 방문하는 것보다 부담이 없다. 이 같은 소통은 신뢰도와 친밀감도 올려준다. 그러니 중간에 멈추지만 않으면 된다.

매일 먹는 밥도 뜸을 들여야 맛있는 법이다. 바로 실적으로 나타나지 않는다고 조급해하지 마라. 정성을 다해 하나하나 실행으로 옮기다 보면 길이 보이고, 고객들에게 인정받는 순간이 반드시 온다. 2017년, 아이 셋의 젊은 엄마가 입사해 보여준 성과도 꾸준한 정성에서 비롯된 것이었다. 지인 활동이 쉽지 않았던 그녀는 매일 개척 대상지로 나가 인사하고 친해지는 작업을 했다. 처음에는 답이 없을 것 같았지만, 시간이 지나자 계약 체결을 하고 소개도 받으며 재미있게 일했다.

영업 세계뿐만 아니라 무엇이든 정성으로 움직이면 안 되는 일이 없다. 왜냐하면 고객은 복잡하지 않기 때문이다. 복잡함의 비중을 따지자면 해보지 않고 판단하는 설계사의 머릿속이 더 복잡하다. 계산하지 말자. 그리고 개척 활동을 시작했다면 멀리 보자. 지인 활동이 100m 달리기라면, 개척 활동은 시작 후 5~6개월이 되어야 소식이 오는 마라톤과도 같다. 오늘도 새로운 고객을 찾아 부지런히 움직이는 설계사들을 응원한다.

03

스스로 학습이 가져다준 전문성

"교육은 기계를 만드는 것이 아니라.
사람을 만드는 데 있다."
– 장 자크 루소(Jean Jacques Rousseau)

영업의 생명은 교육이라고들 한다. 교육이 전부라고 할 만큼 교육 일정이 많다. 게다가 어느 하나 중요하지 않은 교육이 없다. 쓸모없는 교육이 없다는 뜻이다. 수도 없이 교육하는 가장 큰 이유는 시대의 변화에 적응하기 위함이다. 변화를 이끌어갈 수는 없어도, 뒤처지지 않으려면 학습해야 한다.

그런데 대부분의 영업인이 교육을 싫어한다. 10분만 지나도 몸이 뒤틀리고 집중력이 떨어져 졸음이 쏟아진다. 마음을 다잡고 자리에 앉아도 사정은 똑같다. 만일 이 어려움을 이겨내지 못하면 고객에게 정확한 정보를 전달하기 어렵고, 오래 이어가지 못한다. 더욱이 보험 영업은 보험금, 즉 금전적인 부분과 직접적으로 연결되어 있어 확실해야 한다. 또 내용을 제대로 인지하지 못한 상황에서 가입하게 되면 보험의 기능을 제대로 발휘하지 못하게 되어 어떠한 불상사를 불러올지 모른다. 그러므로 끝없이 변화하는 환경과 그에 대비해 쏟아지는 상품 연구를 하지 않고서는 설계사의 위치를 지켜나가기가 쉽지 않다.

공기업에 다니다가 결혼 후 육아 문제로 퇴사해 가정주부로 지내던 동네 언니가 있었다. 우연한 기회에 지점장과의 만남이 이뤄졌는데, 보험 영업의 비전을 느끼고 설계사가 되었다. 처음에는 낯도 많이 가리고, 영업이라는 환경에 적응하는 것이 어려워 보였다. 그도 그럴 것이 그녀는 아침잠도 많았고, 그동안은 동네 지인들과 티타임을 가지며 여유로운 생활을 즐겨왔기 때문이다. 그 모습을 모두 지우고 다른 모습이 되어야 했다. 이에 나와 함께 노력해나갔다. 당시 그녀는 나 혼자 많은 인원을 챙겨야 하는 상황을 이해하고, 아침 일찍 출근해 업무를 도와주었다. 그리고 퇴근 시간 이후 남아서 일을 배웠다. 주변에서는 여유로운 환경에 군이 일할 필요가 있느냐고 했지만, 배우자는 지방 근무 중이었고 아이들도 대학생이었던 터에 무료함을 달래고 싶어 했다. 그리고 이왕 할거라면 의미 있는 일이길 바랐다.

본격적인 영업 활동을 시작한 그녀는 누구보다 자료 활용을 잘했다.

누구든 영업 활동을 하면서 가장 많이 부딪치는 부분이 전문 용어다. 담보·특약·보장 범위를 비롯해 상품과 약관의 차이점도 이해해야 하고, 실제 보상을 청구하면서도 알아야 할 게 많다. 그렇기에 육성 교육 기간 동안 모든 것을 완벽하게 자기 것으로 만들지는 못한다. 교육 시간에 충실해야 하는 것은 기본이고, 스스로 학습하는 시간을 충분히 가져야 자신이 제대로 이해한 상태에서 고객에게 쉽게 전달할 수 있다.

이 같은 현실을 너무 잘 알기에 나는 LC들이 현장에서 활용할 수 있는 자료를 계속 찾아 출력해 제공하고, 가지고 다녀야 할 내용이라면 오래 보관할 수 있도록 코팅하거나 파일로 만들어주기도 한다. 새로운 내용이 수시로 나와 분량이 많지만 아랑곳하지 않고 나눠준다. 이 자료의 소중함을 아는지, 모르는지 많은 LC는 받을 때만 좋아한다. 시간이 지나면 어떤 자료가 있었는지, 어디에 보관해뒀는지도 기억하지 못한다. 스스로 찾아 익히기보다 물어보고 한 번에 답을 찾길 바란다. 사람은 본디 편한 것을 추구하는 동물이니 이해한다. 하지만 거기에 익숙해지면 발전하는 데 두 배, 세 배, 때로는 그 이상의 시간이 필요하다.

그런데 그녀는 달랐다. 내가 자료를 주면 고객 상담에 바로바로 적용하고, 코팅이 안 된 자료는 필요에 따라 직접 코팅해서 들고 다녔다. 철저하게 무기를 준비한 것이다. 그렇다고 모든 내용을 100% 외울 수 없으니 자료를 보여주며 설명했고, 고객도 구두로만 설명하는 것보다 빠르게 이해할 수 있어 큰 도움이 된다며 피드백하기도 했다. 그쯤 되니 자신 없어 하던 처음의 모습은 온데간데없었다. 소리 소문 없이 강해지고 있는 것이 느껴졌다. 지금도 고객과 자연스럽게 어울리며 때로는 친구처럼, 때로는 양보할 수 없는 부분을 강하게 밀어붙이면서 영업인으로서 즐겁게 활동하고 있다.

최근에는 보험 회사에서도 다양한 앱을 개발해 휴대전화의 장점을 최대한 활용하고 있다. 다만 한 가지 단점이 있다면 화면이 너무 작다는 것이다. 20~30대의 젊은 고객이라면 모를까, 40대 이상의 고객에게 휴대전화의 작은 화면을 보여주며 설명하는 일은 서로가 힘겹고 불편하다. 이러한 이유로 태블릿 PC를 구매하기도 하는데, 초기 비용이 부담스러운 데다 아무리 잘 사용한다고 하더라도 데이터와 화면 구성의 문제가 따른다.

그래서 나는 언제나 노트북을 권한다. 물론 태블릿 PC와 마찬가지로 새로 구입하려면 만만치 않은 비용이 발생하기는 하지만, 고객과 상담을 진행하다 보면 LC와 고객 관점이 달라서 수정해야 할 상황이 생긴다. LC는 나의 고객이 보다 넓은 보장을 받길 바라고, 고객은 보장을 떠나 금액을 먼저 생각하는 차이에서 오는 수정이다. 그 수정을 하려면 노트북이 가장 용이하고, 고객에게 보장성과 보험료를 함께 보며 설명하는 데도 유리하다. 나는 지금도 "저는 처음 영업할 때부터 노트북을 들고 다녔습니다. 또 지금처럼 휴대전화 서명이 활발하지 않은 시기에는 프린터도 구입해 들고 다녔고요. 고객을 만나 설계가 끝나면 출력해 사인까지 단 한 번에 해결하기 위함이었습니다"라고 육성 과정 중에 이야기한다.

다른 신입사원들은 한 귀로 듣고 한 귀로 흘렸던 것을 그 언니는 또한 번 자기 영업 활동에 적용했다. 노트북을 들고 다니면서 고객 보험을 체결하기 시작한 것이다. 후기를 들어보니 고객 상담 시 직접 화면을 보며 설명하니 보험료도 바로 확인할 수 있었고, LC가 생각하는 관점과 고객이 생각하는 관점의 보장 내용 차이점을 자세히 설명할 수 있게 되어 고객 설득이 잘된다고 했다. 그러면서 금전적인 여유가 없다고 한 사람들도 보장의 타당성을 받아들이고, 20~30만 원이라는 고액 상품을 구매하더라고 이야기했다.

배운 것을 자기 것으로 만들어 업무 능률을 몸소 체험했던지라 그녀는 지점에 복귀해서도 지점장에게 필요한 자료를 꾸준히 요청하고 있다. 아침 정보미팅의 주요 내용과 육성 과정 수료생 모바일 메신저에 공유하는 자료도 적극적으로 활용 중이다. 또 보험 영업인이 왜 전문적이어야 하는지 정확히 알고 있어 신상품이 나오면 누구보다 먼저 약관 학습을 시작한다. 더 놀라운 것은 이제 자기와 같은 길을 걸어가게 할 2명을 입사시켰다는 점이다. 그만큼 보험 영업의 비전을 확신하고, 누군가를 설득하는 힘이 생겼음을 증명하고 있다. 동네 지인에서, 관리자와 교육생에서, 이제는 동료가 되었지만 여전히 배울 게 많다며 내게 도움을 요청해오는 그녀를 보고 있으면 사람에게 한계는 없다는 생각이 절로 든다. 그에 더해 "보험 회사는 교육이 전부다"라는 것을 명확히 보여주는 좋은 모델이라 더없이 뿌듯하다.

누구에게나 새로운 도전은 낯설다. 젊은 나이에 시작하는 것도 아니니 더 두렵고, 자꾸만 편하게 하고 싶어진다. 더군다나 정보의 발달로 고객 요구는 자꾸만 늘어난다. 그 요구를 충족시키려면 학습하며 준비해야 한다. 그것 말고는 답이 없다. 이것은 하루아침에 이뤄지는 것이 아니다. 학습하고 내 것으로 만들어, 다시 고객에게 전달하는 힘을 길러야 한다. 거기서 모든 것이 해결되면 좋겠지만 스마트폰, 태블릿 PC, 노트북 등 도구 활용에도 능숙해야 한다. 그래야만 고객을 이해시켜 함께할 수 있다. 그 바탕이 교육과 학습에 있음을 잘 아는 LC의 성공은 따로 말하지 않아도 예상할 수 있다.

04

매일 출근의 힘을 보여준 팀워크

"습관이란 인간으로 하여금
그 어떤 일도 할 수 있게 만들어준다."
– 도스토옙스키(Dostoevskii)

2010년 4월, 한 여성 LC가 입사했다. 당시 여성 LC가 귀한 시기라 그리 반가울 수 없었다. 그녀는 논술 강사로 친구의 권유에 의해 도전하게 됐다고 했다. 호탕한 성격의 소유자였지만, 고객들의 석연치 않은 반응과 두 가지 일을 병행한 터라 심리적으로나 체력적으로 많이 힘들어했다. 하지만 이런 그녀에게 간절한 한 가지가 있었으니 바로 자녀였다. 얼굴도 예쁘고 하고자 하는 것이 분명한 딸을 누구보다 잘 키우고 싶었고, 도움이 될 수 있는 엄마가 되길 원했다. 그 마음이 불씨가 되어 그녀를 매일 출근하게 만들었다.

많은 신입사원이 보험 회사에 입사하며 가장 많이 오해하는 것 중 하나가 출근 시간이다. 시간적 자유가 보장되어 있으니 출근도 자유롭게 할 수 있다고 생각하는 것이다. 그런데 그 자유는 업무에 어느 정도 익숙해졌을 때 가질 수 있다. 평균 약 1년이 걸린다고 보면 된다. 하지만 억대 연봉 또는 10년 이상 경력을 가진 선배들을 보면, 매일 출근을 꼭 지킨다. 출근으로부터 모든 일이 시작되는 것을 알고 있어서다. 만일 그 기준이 없으면 하루를 그냥 흘려보내는 것은 일도 아니다.

딸을 잘 키워보겠다는 의지가 남다른 여성 LC와의 첫 면담 때도 출근의 중요성을 이야기했다. 그랬더니 "팀장님, 제가 다른 건 몰라도 결근 안 하고 매일 출근은 지켜보겠습니다. 그것부터 시작이라 했으니 믿고 따라가볼게요"라고 했다. 그리고 그녀는 그 약속을 지켰고, 지금도 매일 출근한다. 일을 계속 잘했던 것은 아니다. 매일 출근한 만큼 매출도 잘 올랐으면 좋았겠지만, 영업이라는 것이 사람마다 자리 잡는 시간이 다르니 그녀에게도 시간이 필요했다. 게다가 얼마 전까지 논술 수업을 유지했으니 업무에 대한 집중도도 다른 사람에 비해 떨어졌을 것이다. 이러한 LC가 팀장이 되었다. 매일 출근이 만든 성과였다.

수많은 보험 회사는 팀 체제로 운영하는데, 도입이라는 신입사원 입사제도에 의해 도입을 한 팀으로 편제하고, 그 팀에서 나와 인연이 된 동료와 함께 일하는 구조다. 그로 인해 가족보다 더 많은 시간을 함께 보낸다. 아니, 가족과 마찬가지다. 그 안에서 많은 오해도 생기고 여러 문제점이 발생하기도 하지만 이내 해결해 함께 움직인다. 그녀가 소속해 있는 지점에서 팀의 편제에 의해 새로운 팀장이 필요했고, 그곳 지점장이 "○○○ LC님을 팀장으로 추천할까 하는데 어떻게 생각하세요?"라고 내 의견을 물어왔다. 나는 한 치의 망설임 없이 수긍했다. 팀장이라면 자고로 기본을 갖추고 타의 모범이 되어야 하는데, 그녀는 입사한 순간부터 매일 출근을 줄곧 지켜오고 있었고, 그런 팀장이 이끄는 팀이라면 잘될 수밖에 없음을 많이 지켜봐온 터였다.

사실 팀장마다 성향이 다르다. 본인만 생각하는 팀장, 본인의 팀만 아는 팀장, 자기는 출근하지 않으면서 팀원에게는 출근을 강요하는 팀장 등. 또 어떤 팀장인가에 따라 팀의 분위기도 다르다. 예를 들어, 팀장이 8시 30분까지 출근하면, 팀 전원이 9시 전에 출근한다. 다시 말해, 팀장에 의해 그 팀의 문화가 만들어진다. 그러므로 평소 생활 습관이 좋다면 팀장으로서 적응하는 시간이 필요할지언정, 팀이 바로 서는 데는 문제없다.

나와 지점장의 예상이 적중했다. LC에서 팀장이 되어 팀원 각각을 챙기는 것이 만만하지 않았지만, 그것은 팀장이 되면서 모두 겪는 일이었다. 그녀는 적응을 잘해나갔다. 지금은 명칭 변경으로 SM으로 활동하고 있다. 여전히 매일 출근해 구성원과 함께하고 고객을 만나고 있다. 한번은 보험 회사 구조조정으로 지점이 없어지면서 변화가 있었다. 정들었던 일터도 사라지고 낯선 환경으로 가야 하는 상황에 다들 힘들어

했다. 그런데 새롭게 흡수한 지점에서 별도의 팀으로 구성해 그녀가 이끌어가는 팀이 흩어지지 않게 했다. 당연히 팀의 결속력은 더 단단해졌고, 새로 들어오는 사원도 매일 출근을 기본으로 하며 남다르게 적응하고 있다.

매일 출근으로 성과를 낸 사람이 또 있다. 타 보험사의 경력이 있는 분이었다. 수년 전 타사에 문제가 생겨 당시 지점장과의 면담으로 많은 사원이 이직하기로 한 적이 있다. 대대적인 이동이었던지라 자연스레 관심이 쏠렸고, 그들이 입사하는 날을 기다리고 있었다. 그러던 어느 날, 지점장에게서 연락이 왔다. 목소리에서 침울함이 느껴졌다. 아닌 게 아니라 이직하기로 한 사람들이 오지 않기로 했다는 것이었다. 흔히 있는 일이지만 구성원이 대폭 늘어날 것으로 기대했던지라 그만큼 실망감이 컸다. 그로부터 며칠 뒤, 지점장이 1명을 소개했다. 타사에서 오기로 약속했던 팀장이었다. 사연을 들어보니 지점장과 인사도 하고 약속도 했는데, 아무도 안 온다고 하니 마음이 무거워져 본인과 팀원 1명을 데리고 온 것이다. 그에게도 쉽지 않은 결정이었겠지만, 의리를 지키는 사람임은 분명했다.

그런 그가 경력자로 육성 과정에 입교했다. 그런데 타사에서 팀장까지 지낸 경력자라 굳이 신인 교육을 받지 않아도 된다고 생각했던 것 같다. 그러나 내 생각은 달랐다. 아무리 경력사원이지만 우리 회사는 처음이니 똑같이 훈련받아야 한다고 했다. 참 지독하다며 싫은 내색을 내

비쳤지만, 어떤 마음으로 회사를 옮겼는지 알기에 더더욱 원칙대로 밀어붙였다.

나의 진심이 통했는지 변화가 시작되었다. 우리 회사의 비전을 본 그는 육성 과정을 믿고 따라주었고, 도입을 시작하면서부터는 매달 2~3명의 신입이 들어왔다. 팀장은 늘 신입에게 "출근은 기본입니다. 육성 팀장님이 알려주는 대로 하세요. 그러면 성장과 성공은 자연스럽게 따라옵니다"라고 말했다. 그 영향인지는 알 수 없으나 다른 팀에 비해 신입들이 정착을 잘했고, 지점 전체에서 신입 정착 점수가 가장 좋았다. 그가 하는 모든 행동을 보고 알 수 있었다. 기본을 중요하게 생각하고, 보험 영업에 대한 잘못된 인식을 가진 사원에게 따끔하게 충고할 줄 아는 사람. 이런 팀장을 팀원들이 잘 따르는 것은 당연했고, 다들 엄마라고 불렀다. 평소에는 사원의 개개인 가정사까지 꼼꼼하게 챙기며 한없이 잘해주다가도 잘못된 행동을 할 때는 눈물 쏙 빠지게 야단치는 게 엄마의 마음과 같은 덕분이리라. 게다가 주말 또는 명절에는 팀원들이 다 같이 팀장 집으로 모이기도 하고, 자신이 수상을 하게 되면 팀장을 먼저 챙겼다.

이처럼 본인도, 자기 식구도 잘 챙기는 팀장은 내게도 큰 의지가 되어주었다. 2015~2016년, 지점 규모가 커지면서 도입으로 신인이 넘쳐날 때 육성코치로서 힘에 부쳤었다. 그때 그는 성장하려면 당연한 과정이라며 언제나 나를 응원했고, 신입사원들에게는 육성코치 말을 잘 따르라 했다. 경력직으로 입사했지만 육성팀장으로 인정하고 있음을 다시 한번 느꼈다. 그때 수료한 신인들은 지금도 각자의 위치에서 일을 잘해나가고 있다. 유독 눈에 띄는 것이 출근 시간이다. 아침 8시 30분까지 출근하는 인원이 지점 전체 통틀어 가장 많다. 절반 이상이 출근해 있다. 팀장이 8시 30분 전에 출근해 팀원을 맞이해주고, 아침식사를 못하고 온 사원을 위해 요깃거리를 챙겨오니 분위기도 화기애애하다. 결속이 되지 않으려야 안 될 수가 없다. 그 팀이 인원이 가장 많은 것도 이상하지 않은 일이다.

지금까지 이야기한 2명의 팀장, 즉 SM은 성향도, 팀 구조도 다르지만 SM이 매일 출근한다는 사실은 같다. 그리고 먼저 출근해 팀원을 맞이한다. 오랜 기간 만들어온 문화라 서로가 서로에게 가족이 되어주고 있어, 보험 회사의 특수성을 최적으로 활용하고 있다고 할 수 있다. 덕분에 어제도, 오늘도 그랬던 것처럼 내일도 흔들리지 않으리라는 믿음이 생겼다. 이 믿음이 생기도록 기본을 지속해온 SM들이 자랑스럽다.

05

편지 쓰기로 명품이 된 LC

"관심이란 곧 나 아닌 타인에게 마음 한 자리 내어주는 일이다.
그러므로 관심은 사랑의 첫 단계이자 완성인 셈이다."

– 송정림

앞에서도 언급했듯 고객과 소통하는 방법에는 여러 가지가 있다. 내가 처음 영업할 때 활용한 것에는 매일 문자 메시지 보내기, 한 달에 한 번 손 편지 쓰기, 제안서·증권·약관 보기 쉽게 표기해 전달하기, 생일에 하트 미역과 쌀 보내기, 계약 체결 100일·1년 챙기기 등이 있다. 지금까지 유지하고 있는 것도 있지만, 디지털과 SNS의 발달로 대체한 것도 있다.

피아노 전공 후 피아노 학원을 운영하다가 코로나19로 대면 활동 제약에 난감해하던 중, 어머니 지인의 권유로 입사한 신입이 있다. 본인을 비롯해 가족, 주변 사람까지 얼마나 오래 할 수 있을까 걱정을 많이 했다. 더군다나 친하게 지내는 사람들도 나이가 많지 않아 보험에 대한 필요성을 느끼지 못하는 듯했다. 그런데 사람은 누구나 잘하는 것 한 가지는 꼭 있듯, 이 LC는 낯선 고객과의 통화를 두려워하지 않았다.

보험사마다 오랫동안 보험을 유지하고 있으나 담당자가 없어 제대로 관리를 받지 못하는 고객이 있다. 이들을 우리 회사에서는 VIP 고객이라고 하는데, 신입에게 그 명단을 제공해 관리하는 기회를 준다. 기존 가입 상품 내용, 보험금 청구 등의 안내를 함으로써 새로운 관계의 발판을 만들어주는 것이다. 대다수 신입사원은 설명만 듣고도 부담스러워하거나, 자기 고객 관리도 잘 못하고 있다며 짐으로 느끼는데, 그녀는 달랐다. 학원을 운영하며 학부모 상담 경험이 있어서였는지 편안해하고 여유롭기까지 했다. 그에 더해 고객과의 소통도 잘 이어나갔다. 사실 VIP 고객에게 담당자가 바뀌었다고 이야기하는 것으로 끝나는 것이 아니다. 그때부터가 시작이다. 고객과 친숙해지는 과정이 꼭 필요하다. 이 상황을 경계하거나 귀찮아하는 고객도 많다. 굳이 관리받지 않고도 잘 유지하고 있어서다. 그럴수록 고객과 더 친해져 관리하는 것이 LC의 의무다.

회사에서도 이를 위해 추진하는 시스템이 있다. 소통플러스를 통해 매일 고객에게 정보를 전달하고, 정기적으로 통화하게 한다. DM 데이라고 해서 다이렉트 메시지로 고객에게 직접 인사하는 날도 있다. 과거에 손 편지로 전하던 안부를 확대해서, 회사를 상징하는 노란색 편지 봉투에 편지와 향초, 밴드, 핸드크림 등의 선물을 동봉해 고객에게 보내는 활동이다. 디지털의 발달로 아날로그 감성으로 감동을 주고자 마련한 전략이다. 처음 한두 번은 낯설기도 하고 의아하지만, 매달 받는 고객 입장에서는 편지 봉투 안의 메시지가 궁금하지 않을 수 없다. 물론 모든 사원이 잘하는 것은 아니다. 육성 과정 중에 지켜보면 열심히 하는 사람도 있지만, 시늉만 하는 사람도 있다. 분명한 것은 시간은 걸릴지언정 정성으로 보낸 편지는 반드시 좋은 결과를 가져오게 되어 있다. 고객 관리에 있어서도 성실함이 통하기 마련이기 때문이다.

다른 LC들은 기대한 반응이 오지 않는다며, 귀찮다고 불만을 호소할 때 그녀는 매번 고객에게 진심으로 편지를 썼다. 그리고 즐거워했다. 무언가 할 일이 있음에 행복해했다. 또 그 실천으로 인해 가능성을 꿈꿀 수 있어 좋다고도 했다. 불안하기도 했을 테지만 결실을 보기까지 시간이 필요함을 아는 친구였다. 몇 달이 흘렀을까? 계약 100일, 생일 등 이벤트도 챙기는 그녀를 향한 고객 반응이 달라지기 시작했다. 전화조차 받지 않던 고객이 전화를 받았고, 문의도 들어왔다. 모든 고객이 바뀐 것은 아니지만, 작은 변화가 새로운 도전의 신호탄이 되었다. 자신감이 생기니 고객에게 전화해 상품을 안내하는 것에도 탄력을 받았다. 고객과의 미팅에 대한 두려움도 덜어냈다. 사무실 부근 음식점 사장에게 자신 있게 명함을 내밀어 계약까지 체결했다. 그뿐만이 아니다. 새로운 고객을 만나 한 가정 보장 분석을 하며 계약을 성사시켰다. 더 나아가 고객 관리 스킬이 향상되니 고객 관리 관련 채널을 계획할 때 떠오르는 이름이 되었다.

어떤 일이든 안 되는 것은 없다. 시간이 얼마나 걸리느냐만 있을 뿐이다. 아무리 뛰어난 시스템이라도 시도하지 않으면, 그 시도를 이어가지 않으면 성과를 낼 수 없다. 그래서 기회는 준비된 사람에게 오는 법이다. 무엇이든 매일 해나가야 그 끝을 볼 수 있다. 반복하는 작은 실천으로 경험을 쌓아 나의 무기로 만들었다면 그 끝은 밝을 수밖에 없다. 그럼에도 불구하고 우리는 '이렇게 한다고 되겠어?', '반응도 없는데 계속 하는 게 의미가 있을까?', '시간 아까운데 이거 할 시간에 다른 거 하나 더 하지'와 같은 계산 가득한 의심만 하면서 이 단순한 원리를 잊고 살아간다.

편지는 고객과의 소통을 이어주는 하나의 수단일 뿐이다. 나를 상대방에게 각인시킬 수 있는 매체다. 매체로 나를 각인시켰다면 브랜딩이 되었다고 볼 수 있다. 내 자체가 명품이 된 것이다. 브랜딩으로 명품이 되면 가치 상승은 물론, 충성하는 고객도 생긴다. 한 달에 한 번 노란색 편지를 보내는 것으로 LC로서 당당하게 자리 잡고, 육성 과정 수료 후에도 열심히 활동하는 그녀의 모습을 보며 보험설계사로서의 브랜딩에 대한 고민이 깊어진다. 얼마 전 그녀에게서 "저, 공연해요"라는 연락을 받았다. 안타깝게도 장소가 제주도라 참여하지는 못했지만, 2년 동안 본인의 전공도 살리고 지인에게 인정받으며 활동하고 있는 LC가 대견하기도 하고, 앞으로가 더 기대되는 마음에 가슴이 벅차올랐다.

어떤 형태든 고객과의 소통은 계속되어야 한다. 관심이야말로 고객이 설계사에게 가장 원하는 것이다. 또 나의 경제 주치의로서 함께해주길 바라고 있다. 그러므로 편지 쓰기는 강력한 도구가 될 수 있다. 오래전부터 활용해온 것이라 새롭다거나 특별하다고 할 수는 없지만, 설계사의 진심을 전할 수 있는 것으로 편지 쓰기만큼 좋은 게 또 있을까 싶다. 문득 TC 채널들과 시작한 편지 쓰기가 생각난다. 처음에는 다들 부담스러워하고 굉장히 귀찮아했다. 그러나 마무리될 즈음 뿌듯한 감정으로 바뀌었다. 부디 그 뿌듯함을 오랫동안 간직해 편지 쓰기를 지속해나가길 희망한다. 그로 인해 다른 LC에게도 좋은 감정이 전파되어 매달 새로운 소식을 기다리는 설렘을 누렸으면 한다.

PART 06

진짜 비밀의
진실

01

기본에 충실합시다

"예술에서는 같은 대상을 열 번, 백 번 반복해서 그리는 것이 기본이다.
어떤 동작도 우연인 것처럼 보여서는 안 된다."

– 에드가 드가(Edgar De Gas)

어느덧 같은 일에 종사한 지 10년이 지나면서 내가 하는 일에 대한
본질을 생각하게 된다. 보험 영업을 처음 시작했을 때는 보험설계사를
향한 고객들의 선입견으로 그 거리를 좁히기 위해 상품 공부나 약관 공
부도 참 열심히 했다. 무엇보다 나의 최대 강점인 성실함으로 고객에게
다가갔다. 왜냐하면 그것이 기본이었기 때문이다. 육성코치가 되었다고
해서 달라지지는 않았다.

- 나는 어떤 코치가 되고 싶은가?
- 나에게 교육받은 LC는 어떤 모습이면 좋을까?

이러한 질문을 스스로 끊임없이 하면서 답을 찾았다. 가장 쉬운 방법일 것 같지만, 이제 와 생각해보니 가장 어려운 일이었다. 생김새만큼이나 다른 상황과 생각을 가진 사람들에게 성공하는 길이라며, "이대로 하세요"라고 했으니 말이다.

더군다나 일반 회사와 비교했을 때, 이토록 제각각일까 싶을 정도로 보험 영업 신입사원의 모습은 천차만별이다. 보험 영업의 비전을 일찍 깨닫고 대학 졸업 후 바로 입사한 청년부터 가사만 돌보던 가정주부, 기업을 운영하던 대표 등. 돈을 벌어야 하는 간절함이 있는 사람도 있지만 지인 권유로 시험을 친 후, 합격도 했으니 '한번 해볼까?' 하는 심정으로 온 사람도 있다. 후자는 일을 해도 그만, 안 해도 그만이라 열정이 쉽게 생기지 않는다. 영업이라는 환경이 낯설기도 하고, 다른 사람에게 아쉬운 소리를 하기 싫어서다. 그들 모두 입사해 처음으로 만나는 사람이 육성코치인 나다. 사정이 이러하니 나에게는 그들을 LC로서 제대로 자리 잡게 할 무기가 있어야 했다. 그에 더해 영업 인생의 첫 만남이니 좋은 기억으로 남기고 싶었다. 언젠가 한 LC가 "팀장님은 제 보험 인생의 첫사랑이에요"라고 했는데, 내가 목표했던 바를 이루기 위해 끊임없이 노력했음은 틀림없는 것 같다.

앞서 기본을 지키는 것이 가장 어려운 일이라고 했지만, 기본이 있어야 중심을 바로잡을 수 있음은 어떤 일에서든 같다. 그랬기에 나는 늘 "기본에 충실합시다"를 외쳤고, 지금도 외치고 있다. 비단 보험 영업에서뿐만 아니라 삶에서도 통하는 말이라고 생각한다. 이러한 기본은 한번 정해지면 변하지 않는다. 설령 변한다고 하더라도 가지만 바뀔 뿐 뿌리째 흔들리지 않는다. 나는 그러한 견고함을 만들어가고 싶었고, 그 기본 중의 기본은 출근으로부터 비롯된다고 확신했다. 일반 직장인은 일하려면 출근해야 하는 게 마땅한데 "왜 그리도 유난스럽게 출근, 출근하느냐?"라고 할 수도 있다. 하지만 영업인에게 출근은 여러 가지 의미가 있고 많은 것을 결정짓는다.

우선 출근하면 소속감이 생긴다. 한 조직의 일원이라는 마음이 일하게 만든다. 즉 출근하지 않으면 일에 대한 의욕이 출근하는 사원에 비해 낮을 수밖에 없다. 그런데도 이 당연한 것을 이해시키려면 시간이 필요하다. 의외로 '고객을 만나 실적만 내면 되지, 번거롭게 굳이 출근까지 해야 하나?'라고 생각하는 신입이 많다. 나는 이렇게 생각하는 이들에게 '만일 출근하지 않고 고객 1명 더 만나는 게 좋은 방법이었다면, 영업을 중심으로 운영하는 숱한 기업이 출근 제도를 만들었을까?'라고 묻고 싶다. 영업인의 가장 큰 장점이 자유로운 시간이라지만 그 자유를 누리려면 더 철저한 사전 준비와 계획이 바탕이 되어야 한다. 이는 출근해서 아침 정보미팅, 교육 프로그램 등을 통해 채워나갈 수 있다.

또 하나의 기본은 활동 계획이다. 시간의 자유 속에서 스스로 통제하는 유일한 방법은 계획이다. 영업인으로서 계획을 세우려면 고객 분류 작업이 필수다. 모든 사람이 영업에 자유로울 만큼 인간관계를 하고 있지는 않다. 만나는 사람만 만나고, 마음 맞는 사람과만 교류한다. 이에 따라 나의 휴대전화에 저장된 사람을 친밀도에 따라 분류하고, 그것을 바탕으로 관계를 만들어나가면서 활동하고 관리해야 한다. 이를 유지하는 데도 계획이 필요하고, 계획을 기록함으로써 스스로 피드백하며 변화해나가야 한다. 수십 년 동안 누적되어온 습성이 마음먹었다고 해서 하루아침에 눈에 띄는 변화와 성장을 가져오지는 않는다. 익숙하지 않아도 연습하고 실천해나가는 경험이 전문가로 만들어준다고 믿고, 매일 반복하는 기본을 갖춰야 한다.

영업을 할 때는 말하기 연습도 기본 요소에 포함된다. 학창 시절, 친구에게 설명해주며 개념을 정확하게 이해한 적이 있는 사람은 머리로 이해하는 것과 말로써 표현할 수 있는 것의 차이가 크다는 사실을 안다. 다시 말해 누가 이야기해주는 것을 듣기만 하고 익히는 것보다 내가 해석한 것을 바탕으로 입 밖으로 내뱉을 때 진짜 내 것이 된다. 또 내가 확신을 갖고 고객에게 전달해야 고객도 결정할 수 있다. 선택할 것인가, 보류할 것인가, 거절할 것인가. 만일 고객이 선택하지 않았다면 나의 상태를 점검해서 보완하는 계기로 삼을 수 있다.

처음부터 말을 잘하는 사람은 드물다. 그렇기에 연습 외에는 왕도가 없다. 누가 시키지 않아도 반복된 연습 속에서 변화를 경험하면서 자신 감을 쌓아야 일을 멈추지 않고 앞으로 나아갈 수 있다.

성실함도 있어야 한다. 영업인에게 성실함이 나타나는 영역은 고객 관리다. 관리라고 해서 거창한 것을 하라는 게 아니다. 고객 또한 많은 것을 바라지 않는다. 그저 관리받고, 대우받고 있음을 느끼고 싶어 한다. 계약하기 전의 관리도 중요하지만, 본격적인 관리의 시작은 계약 이후다. 나는 개인적으로 계약 체결 100일, 결혼식보다 장례식을 더 챙긴다. 계약 체결 100일은 영업인만이 기념할 수 있는 날이기에 나에게도, 고객에게도 특별하다고 믿기에 계속 실천하고 있다. 결혼식보다 장례식에 더 신경을 쓰는 이유는 결혼식은 그 자체로 축복받아 행복하지만, 영원한 이별을 맞이한 순간의 슬픔은 함께해줘야 더 의미 있다고 생각해서다. 더불어 정성이 깃든 손 편지를 꾸준히 보냄으로써 고객과의 소통은 물론, 신뢰도 쌓아간다. 핵심은 고객 관리도 멈추지 않을 때 빛을 발한다.

끝으로 학습이 동반되어야 한다. 급변하는 현대사회에서 학습은 여러 가지 의미를 갖는다. 나의 발전을 위해서도 필요하지만, 나의 고객을 위해서도 학습을 해야 한다. 내가 하는 학습이 나에게 미래를 맡긴 고객을 대신해 공부하는 것임을 인지해야 한다. 내가 먼저 파악해 이해하기 쉽게 설명함으로써 고객이 판단하고, 오늘과 내일을 대비할 수 있게 해야 한다. 간혹 "영업이 처음이라서요. 충분히 알게 되었을 때 제대로 하겠습니다"라는 신입사원이 있다. 하지만 현실은 어떤가? 하루가 다르게 급변하고 있어 우리는 그 흐름에 따라가기 바쁘다. 거기에 뒤처지지 않으려면 학습하고 또 학습해야 한다. 끝이 없다. 혹여나 설계사가 학습이 제대로 되어 있지 않다면 자신감도 떨어질 수밖에 없다. 고객도 수많은 정보를 듣고 있고, 점차 똑똑해지고 있기 때문이다. 그러니 학습한 내용을 반드시 내 것으로 만드는 시간을 가져야 한다.

다시 정리하자면, 매일 아침 출근해 계획을 세움으로써 시간을 관리하고, 이것을 기록으로 남겨 스스로 피드백하며, 축적된 연습을 통해 인연을 맺은 고객을 관리하면서 학습을 이어나가는 것이 영업의 기본이다. 이 기본을 철저히 지킨 사람들이 현장에서 고액 연봉을 받고 있다. 나에게 영업을 잘하는 특별한 방법을 묻는다면 여전히 주저 없이 "기본에 충실하세요"라고 할 것이다. 이 한마디에 지나온 10여 년 동안 나를 스쳐간 수많은 LC가 떠오른다. 지금도 어떻게든 기본에 맞춰보려고 노력 중인 사원들 모습이 눈에 아른거린다. 낯선 환경에서 육성팀장이 귀에 못이 박히도록 외치는 '기본'이 힘들게 한다는 것을 안다. 혹자는 '영업은 실적으로 승부하는 거지, 굳이 이렇게까지 해야 해?'라고 할 수도 있다. 그런데 영업인으로서 나를 지켜주는 것은 기본밖에 없다.

02

강력한 무기, 꾸준함

"끈기는 최고의 기질이며
인내는 위대한 마음의 모든 열정입니다."
– 제임스 러셀 로웰(James Russell Lowell)

많은 사람이 계획하고 도전한다. 가령 새해를 맞이해 다이어트 결심을 하고, 매일 영어 공부하기와 같은 목표를 세우는 것이다. 그런데 이것을 꾸준히 지켜나가는 것이 말처럼 쉽지 않다. 지속하는 힘이 없어 다들 작심삼일에 그치고 만다. 삶에서 가장 어려운 것 중 하나를 꼽으라면 분명 꾸준함도 포함될 것이다.

영업인에게 꾸준함은 강력한 무기가 된다. 어렵지만 영업이라는 길을 걸어가려면 반드시 장착하고 있어야 한다. 시중에 출간된 수많은 영업 관련 도서에도 꾸준함은 빠지지 않고 등장한다. 특히 고객과 꾸준한 소통이 있어야 성장하고 결실을 맺을 수 있다. 의무적으로 하는 것이 아닌, 매일, 매주, 매월 정기적으로 이어가며 내 일상이 되어야 한다. 한두 번 연락했다고 해서 소통하고 있다고 생각해서도 안 되고, 고객도 일회성에 그친 연락을 소통이라 생각하지 않는다. 고객의 반응이 없어도 '나의 갈 길은 간다'라는 마음으로 묵묵히 끌고 나갈 배짱이 있어야 한다. 돌아오지 않는 메아리 같아서 처음에는 어려울 수 있다. 그래도 3개월 이상 반복하면 이후에는 저절로 하게 되어 있다. 100일이 넘어가고 1,000일이 넘어가면 그만두고 싶어도 그동안 해온 것이 아까워 계속하게 된다.

내가 신입사원들과 하는 루틴이 있다. 매일 아침 정보미팅마다 맨손체조를 하고, 선서를 외친다. LC선언문을 낭독하면서 하루를 다짐하고 서로 인사한다. "안녕하세요. 반갑습니다. 잘하실 겁니다. 잘될 겁니다. 성공합시다. 축하합니다. 감사합니다" 그러고 나서 "기본에 충실합시다"로 마무리한다. 나를 위한 다짐도 한다. 나를 응원하는 사람은 누구도 아닌 나 자신이 되어야 하고, 내가 하는 말은 나의 뇌가 기억하므로 나에게 긍정의 이야기를 많이 해줄수록 좋다.

그다음에는 하루 일정을 확인하고, 이어서 화법 연습을 한다. 매주 테마별로 정보미팅을 진행하며, 일주일에 2회가량 활동 면담을 한다. 요일별 일정도 있다. 월요일은 소통플러스 소식지 전송, 화·목요일은 상생박스 및 개척 활동, 수요일은 자동차 보험 마감, 금요일은 주 마감을 한다. 그 밖에도 보험 영업을 조금 더 탄탄하게 이어나갈 방법들을 추천했고, 시작했다면 끝까지 이어가라고 강조했다. 왜냐하면 사소한 이 모든 것이 결과물을 만들어내기 때문이다. 내가 현장에서 직접 보고 듣고 느끼며 경험했기에 분명히 이야기할 수 있다. 영업하는 곳이라 결과도 중요하지만, 결과를 위해서는 과정이 있어야 한다. 그러므로 보험설계사뿐만 아니라 모든 영업인은 매일 반복된 행동이 결과를 만들고, 그것을 지속했을 때 성과가 나타난다는 것을 믿어야 한다.

꾸준함의 힘은 굉장히 무섭다. 가랑비에 옷이 젖고, 작은 구멍이 바위를 뚫는 것처럼 작은 행동의 지속성은 어떤 어마어마한 결과를 가져올지 알 수 없다. 특히 영업인에게 꾸준함이 중요한 이유는 고객 반응이 언제 돌아올지 알 수 없기 때문이다. 처음부터 모두가 긍정적이라면 좋겠지만 내 마음 같지 않기 때문에, 버티는 힘이 있어야 한다. 농부처럼 씨를 뿌리고 기다릴 수 있는 끈기 말이다. 또 다른 이유는 확률을 높이기 위해서다. 많은 이들이 영업은 확률 게임이라고 한다. 얼마나 많은 사람을 만나고 이야기하느냐에 따라 실적이 따라온다는 의미다. 많고 적음의 기준이 있다면 좋겠지만, 그 누구도 명확하게 알려줄 수 없다. 그러니 반복해서 경험을 쌓아야 한다. 씨를 많이 뿌려야 씨가 썩어도, 새가 와서 쪼아 먹어도 살아남는 씨앗이 있는 것처럼 영업도 마찬가지다.

급변하는 시대다. 환경도, 기술도 무엇이든 빠르게 변한다. 그로 인해 사람들의 모습도 마음도 달라졌다. 새로운 것을 추구하는 것이다. 하지만 자꾸만 새것을 따라가고 거기에 익숙해지다 보면 더 자극적인 것을 원하게 된다. 결국 알맹이, 즉 가치가 무엇인지 잊기도 한다. 분명한 사실은 수많은 위대한 성과는 사소하지만 변하지 않는 가치가 일구어냈다. 어떤 상황에도 자기를 지키는 힘이 되어주는 꾸준함도 그중 하나다. 삶에서도, 영업 현장에서도 무기 하나 장착하고 싶다면 작은 것이라도 반복적으로 해보길 바란다. 그것이 당신을 더 전문가답게, 완성도 높게 만들어줄 것이다.

03

나는 날마다 나아지고 있다

"성공은 마음가짐이다.

당신이 성공하고 싶다면 이미 성공했다는 생각을 먼저 해라!"

– 조이스 브라더스(Joyce Brothers)

"기본에 충실합시다."

"나는 날마다 나아지고 있다."

아침 정보미팅의 첫인사와 마무리 인사다. 말이 주는 힘을 믿기 시작하면서부터 신입사원들이 매일 1cm라도 성장하길 바라는 응원의 마음을 담은 문장이다.

많은 사람이 종종 자신에게 '내가 잘하고 있는가?', '나는 성장하고 있는가?'라고 묻는다. 하지만 쉽게 답하지 못한다. 그만큼 어제보다 나아지고 있다고 확신하지 못한다. 그 이유가 무엇일까? 다람쥐 쳇바퀴 돌 듯 매일 같은 일을 하며 비슷한 일상을 보내고 있어 발견하지 못하기 때문이다. 이 같은 현실은 자신을 불안하게도 하고, 의욕을 떨어트리게도 한다.

영업인은 그 마음이 더 클 수밖에 없다. 한 달 동안 애쓴 노력을 실적으로 평가받는 시스템이 그렇게 만든다. 한다고는 했지만 월급을 받으면 예상했던 금액보다 적어서 '영업이 내게 맞기는 한 걸까?'라는 생각이 들기도 한다. 신인 시절에는 더더욱 그렇다. 도무지 답이 안 보인다. 그럴 때 영업 잘하는 선배들의 일과를 보면 참 한결같음을 느낄 수 있다. '저 정도 경력에 저 실적이면 굳이 안 해도 되는 거 아닌가?' 싶은 일들을 소리 없이 꾸준히 하고 있다. 본인이 되고자 하는 모습을 설정하고 하루도 빠짐없이 실천하는 것이다. 존경심이 안 생길 수 없다.

새벽 4시 30분에 기상해 운동으로 하루를 시작하고, 매일 출근해 스케줄을 확인 후 고객과의 만남으로 하루를 꽉 채운다. '오늘은 비가 오니까', '오늘은 피곤하니까'와 같은 핑계가 없다. 오히려 영업은 고객과의 놀이라고 하며, 영업이 주는 시간의 자유를 만끽한다. 영업이 가진 최대 장점을 잘 활용해서 제대로 놀아야 지치지 않고 할 수 있다고 온몸으로 보여준다.

연말마다 진행하는 각종 시상식 수상자들 역시 마찬가지다. 이들도 누가 알아주지 않아도 자기 자리에서 흔들리지 않고, 해야 할 일을 해나가는 사람들이다. 이상훈 작가의 《1만 시간의 법칙》에서는 한 분야의 전문가가 되려면 최소한 1만 시간의 훈련이 필요하다고 한다. 이 1만 시간은 하루 3시간씩 훈련할 경우 10년, 하루 10시간씩 훈련할 경우 3년이 걸린다. 성공을 위해서는 꽤 긴 시간 스스로 다독이며 노력해야 함을 알려주는 내용이다.

아이돌이 되려면 5년 이상의 연습 생활을 거쳐야 한다. 말이 5년이지, 그 기간 동안 매일 반복되는 연습과 '데뷔를 못 하면 어쩌나…' 하는 불안감에 수시로 휩싸인다. 얼마나 힘들지 예상조차 되지 않는다. 그렇다고 데뷔해도 인기를 얻는다는 보장도 없다. 그럼에도 그들은 자기의 꿈을 실현하기 위해 묵묵히 해나갈 뿐이다.

얼마 전, TV조선에서 방영한 <국민가수>처럼 무명 가수에게 무대를 만들어주기 위한 프로그램이 연이어 편성되고 있다. 출연자 대다수가 실력은 갖추었지만, 대중에게 알려질 기회가 없었던 이들이다. 각자의 사연을 들어보면 생계를 위해 다른 일을 하고 있지만, 자기가 좋아하는 일을 지키기 위한 수단으로 선택했음을 알게 된다. 그렇게 버텨서 대중에게 인정받고 인기를 누릴 수 있다면 좋으련만 모든 종착점이 핑크빛이 될 수는 없다. 그럼에도 자기가 살아 있음을 느끼게 하는 일을 행복해하면서 붙들고 지속해나간다. 그로 인해 그들의 스토리 앞에서는 숙연해진다. 바로 지속성이 가진 힘이다.

애플 창업자 스티브 잡스(Steve Jobs)나 마이크로 소프트 창업자 빌 게이츠(Bill Gates)와 같이 존재 자체로 브랜드가 된 사람들이 있다. 그들은 자기가 목표한 것을 이루기 위해 오랜 시간 훈련했다. 그 과정에서 생기는 실패와 좌절감도 경험으로 받아들이고, 벗어나는 방법을 터득해 내공을 쌓았다. 그렇게 쌓은 내공은 흔들리지 않는 뿌리가 된다. 영업인에게도 이들과 같은 정신과 자세가 필요하다. 하루하루 살아가는 듯한 불안함과 한 달 성과가 좋아도 다음 달을 걱정하는 마음이 생기는 것은 영업인이라면 피할 수 없는 감정이다. 그렇다면 이 상황을 부정적으로만 받아들일 것이 아니라 평생 함께해야 할 친구로 인정하고 즐겼으면 한다.

예를 들어 영업인은 한 달 마감을 하면 처음부터 다시 시작해야 한다. 그러니 얼마나 좋은가. 지난달 실적이 좋지 않았다고 해서 이번 달도 좋지 말라는 법이 없으니 말이다. 얼마든지 새 마음으로 출발할 수 있다. 또 오늘 만난 고객이 거절했다고 해서 내일 만날 고객도 내게 상처 주지는 않는다. 같은 일을 반복하지만 매일 만나는 사람이 달라서 가능한 일이다. 조금만 시각을 달리하면 하루하루가 새롭고, 가슴 뛰는 일상을 느낄 수 있다. 가장 좋은 것은 그 모든 것을 내가 조절할 수 있다는 사실이다.

많은 신인이 고객 활동 후 상처받고 복귀하곤 한다. 믿었던 지인이 영업을 시작했다는 소문만 듣고 등을 돌리거나, 내가 전한 정보만 듣고 다른 설계사에게 계약 체결했다는 소식을 들으면, 그 어느 때보다 큰 배신감을 느낀다. 그때마다 나는 "그분은 지금이 아니라도 언젠가는 그렇게 배신할 분입니다. 우리는 더 좋은 분을 만나면 됩니다"라고 말한다. 속상한 마음이야 다 헤아릴 수 없지만, 마주한 상황 앞에서 최선의 방법을 찾는 것이다. 또 방법을 찾고자 하는 선택권은 당사자에게 있으니 이 얼마나 다행인가. 이로써 영업인은 자기 자신을 삶의 주체자로 만들 수 있다는 매력이 있다.

스스로 삶의 주인공이 되는 방법은 단 하나다. 지치지 않는 것이다. 누구에게 보여주고 평가받기 위해 하는 것이 아니라 내가 선택한 일의 주인답게 이끌어가는 것이다. 그것만으로도 충분히 성장하고 성공할 수 있다. 그리고 이를 실현하면 아침마다 눈 뜨며 "오늘도 내가 좋아하는 일을 할 수 있음에 감사합니다"라는 말이 절로 나올 수밖에 없다. 내가 그랬고 지금도 그런 것처럼.

툭 터놓고 말하자면 영업을 노래나 연기처럼 좋아하는 마음으로만 하기에는 다소 어려운 부분이 있다. 하지만 어떤 가치에 집중해 영업 활동을 펼치고 있는가를 고민하고 스스로 답을 내리면 달라지지 않을까? 오랜 시간 보험 회사에 근무하다 보니 보험 상품 자체가 가진 의미와 중요성을 충분히 인지하고 있으며, 이제는 평생 동반자로 받아들이고 있다. 나를 비롯한 가족, 지인, 그 외 모든 사람이 태어나서 죽음을 맞이하는 순간까지 겪는 수많은 고비마다 경제적인 문제를 덜어줄 수 있는 보험은 단순한 상품이 아닌 가치를 담은 상품이다. 그 가치를 정확하게 이해한 설계사라면 어렵고 힘들어도 이겨낼 수 있는 의지가 생겨날 것이라 믿는다.

보험은 설계사 혼자 하는 것이 아니다. 보험은 나와 인연이 된 고객과 함께 만들어가는, 한마디로 '같이의 가치'를 구현해나가는 설계도다. 간혹 색안경을 끼고 바라보는 사람들로 인해 기운 빠지기도 하지만, 그럼에도 앞으로 나아갈 수 있는 것은 보험의 가치를 알고 설계사의 진심을 알아주는 고객들이 있어서다. 그들은 우리가 하는 노력을 알고, 말 한마디라도 따뜻하게 해주려 한다. 더 나아가 서로가 서로에게 찐팬이 되기도 한다.

다시 한번 말하지만, 성공은 한 번에 이뤄지지 않는다. 잠시 잠깐 반짝할 수는 있지만, 오래가지 않는다. 돈 관리 경험이 없는 로또 1등 당첨자의 최후만 봐도 알 수 있다. 갑작스레 생긴 일확천금에 행복함을 느끼는 것도 잠시, 로또 당첨 이전의 삶보다 더 불행한 환경과 마주하게 되기도 한다. 그만큼 과정이 주는 의미는 크다. 목표로 나아가는 과정 중에 느끼는 불안과 초조함, 실패를 딛고 일어서는 경험 등 모두가 소중하다. 경험이 쌓여야 결과를 만들 수 있다. 실패만 한다고, 거절을 많이 당한다고 실망할 것도 없다. 어떻게 하면 실패하지 않을 수 있는지 연구

해서 데이터를 만들면 그 자체로 귀한 자산이 될 수 있고, 어떻게 하면 상대에게 거절당하지 않을지 고민함으로써 더욱 전문가다운 모습을 갖추는 계기가 될 수 있다.

세상에 공짜는 없다. 해보지 않고 포기하면 성공 가능성이 0%지만, 일단 시도하면 50%가 된다. 매일 무언가를 한다면 날마다 조금씩 나아질 수 있다. 그러다 쉬고 싶어질 수도 있다. 사람인지라 그런 마음이 드는 것은 당연하다. 그래도 자신을 믿고 멈추지 않고 걸어온 길을 계속 걸어나간다면 어제보다 나은 오늘, 오늘보다 나은 내일이 기다릴 것이다. 그러니 '이 정도로 되겠어?', '다른 사람도 이만큼은 다 할 거야' 등 자신을 불신하지 말고 마음먹었다면 결실을 맺을 때까지 해보자.

그 전에는 내가 잘하고 있는지 매번 확인하려 들지 말고, 남의 눈치도 보지 말자. 사람들은 의외로 다른 사람 인생에 관심이 없다. 그렇다고 나의 선택이 무조건 옳다거나 잘될 것이라고 확신하지 말자. 약간의 긍정은 좋은 기운을 불러오지만 지나친 낙관은 독이 될 수 있다. 그저 평범한 일상을 지켜나간다는 차분한 마음으로 작은 성공을 맛본다고 생각하자. 그리고 외쳐보자.

"나는 날마다 나아지고 있다."

04

오늘만 삽니다

"순간을 사랑하라.
그러면 그 순간의 힘이 모든 한계를 넘어 퍼져가리라."

— 코리타 켄트(Corita Kent)

간혹 나의 좌우명을 이야기해야 하는 자리가 생긴다. 내가 어떤 사람인지 더 알고 싶다는 뜻으로 다가온다. 그때마다 나는 두 개의 좌우명을 말한다.

"미치지 않으면 미칠 수 없다."
"오늘만 잘 살자."

전자는 어떤 분야에 성공하고 싶다면 적어도 한 번은 미치도록 몰입

해봐야 한다는 의미가 담겼다. 후자는 오늘의 의미와 가치를 제대로 생각하며 살고 싶은 나의 진심이다.

첫 번째 좌우명, '미치지 않으면 미칠 수 없다'는 한자 성어로 '불광불급(不狂不及)'이다. 이 문장을 처음 들었을 때, 목표 설정에 대한 질문들이 떠올랐다.

- 나는 목표를 설정하며 살고 있는가?
- 어떤 삶을 살고 싶은가?
- 현재 나의 모습과 목표는 얼마나 일치하는가?
- 나는 목표를 이루기 위해 무엇을 하고 있는가?
- 내가 세운 목표는 나에게 어떤 의미인가?
- 목표를 이룬다는 것은 어떤 의미인가?
- 목표를 생각하게 된 계기는 무엇인가?
- 목표를 이루려면 무엇부터 해야 하는가?
- 목표가 100점 만점이라면 지금의 점수는 몇 점인가?
- 나는 몇 점이 되어야 만족할 수 있을까?

목표 설정 하나만으로도 많은 고민을 하게 되었고, 결국 실천으로 옮기는 노력을 해야 한다는 사실을 깨달았다. 그리고 그 실천을 다이어트처럼 내일로 미루면 절대 그 내일이 오지 않을 것 같아 두 번째 좌우명, '오늘만 잘 살자!'가 탄생했다.

처음 영업하는 사람에게 목표 설정은 아주 중요하다. 목표가 있어야 다음 단계를 진행할 수 있기 때문이다. 그렇다면 목표는 어떻게 설정하면 될까? 우선 '○○○의 모습이 되고 싶다'라는 대전제가 생기면 디데이를 정한다. 기간을 정하지 않은 목표는 의미 없기 때문이다. 그 후, 조금 더 구체적으로 중간 목표를 설정한다. 기간을 연 단위가 아닌 한 달 간격으로 한다거나, 우선순위도 매긴다.

중간 목표의 가닥이 잡혔다면, 주 단위 계획을 우선순위에 따라 요일별로 배정한다. 이때도 중요한 것은 기간 설정이다. 여기까지 했다면 하루 단위 일정을 시간대별로 구성한다. 이 모든 것이 목표 달성을 위해 내가 해야 할 일을 미리 기록해보는 행동이다. 이것이 끝이 아니다. 반드시 피드백 시간을 갖고 기록으로 남겨야 한다. 그래야만 기억으로 남는다. 적지 않으면 대부분의 기억은 사라지기 마련이다. 우리 머릿속에는 다들 지우개 하나씩 갖고 있기 때문이다.

이를 헤르만 에빙하우스(Hermann Ebbinghaus)는 망각 곡선 그래프로 "인간은 1시간 후 절반의 내용을 잊는다"라고 증명했다. 그만큼 우리의 기억은 단기적이다. 그러므로 메모하고 또 메모해야 한다. 더욱이 우리의 가장 큰 목표는 장기적이고, 장기 목표를 이루려면 단기 목표를 달성하는 연습을 해야 한다. 그러려면 계획한 단기 목표를 기록해 적은 대로 실천하고, 기록에 따라 실천하고 있는지 피드백해서 동기부여가 되는 작은 성공의 달콤함도 맛봐야 한다.

기록하는 방법도, 도구도 무수히 많다. 유명한 플래너도 많고, 연말·연초가 되면 신년 계획 세우는 법에 대한 강의도 쏟아진다. 다들 나름대로 심혈을 기울여 세상에 내놓은 것이라 어느 것이 좋다, 나쁘다 할 수 없다. 중요한 것은 나에게 맞는 방법을 찾으면 된다. 가수 나훈아는 40년 이상 일기를 써오고 있다고 한다. 그가 직접 쓴 노랫말이 대중의 심금을 울리는 힘을 가질 수 있는 것은 일기에서 나온 것이 아닐까 짐작해본다. 그만큼 일기 쓰기는 스스로 하는 가장 강력한 피드백 도구라고 믿는다. 나는 얼마 전까지 주간 계획에 집중된 3P바인더를 사용하다가 최근에 901플래너를 선택했다. 90일 단위로 한 권씩 구성되어 있어 901플래너. 1년을 빠짐없이 사용하면 총 네 권이 된다. 다양한 일정과 이야기를 담을 수 있다는 큰 장점이 있다.

회사에서 제공하는 WSP 플래너도 활용 중이다. 앞부분에는 연간·월간·주간 계획을, 뒷부분에는 일 단위 일정을 기록할 수 있게 해뒀다. 연간 계획을 구체적으로 세워야 실천 방향이 생긴다는 이치를 말해주고 있다. 거꾸로 목표도 있다. 날짜를 3개월 또는 6개월 뒤로 설정해서 해야 하는 일을 기록하는 것이다.

예를 들어 11월에 발표회를 한다고 하면, 발표회 준비를 위한 계획을 작성하는 식이다. 이는 세부 목표도, 일 단위 목표도 쉽게 떠오르게 한다. 영업을 중심으로 운영하는 회사마다 플래너가 있으니 특별하다고는 할 수 없다. 이렇게 영업 현장마다 플래너가 있는 이유는 시간 관리가 성과와 이어진다는 메시지를 직간접적으로 알려주기 위함이다. 기억해라. 시간 관리가 되지 않으면 나의 하루를 관리할 수도 없고, 성과도 낼 수 없다.

그런데도 많은 사원이 시간을 의미 없게 보내는 모습을 보게 된다. 안타깝지 않을 수 없다. 본인이 시간을 관리하는 게 아니라 시간에 끌려간다. 그러다 보니 버려지는 시간이 너무 많다. 더 큰 문제는 오늘 하루도 잘 보냈다고 위안 삼으며 내일도 준비 없이 맞이한다는 것이다. 영업 현장은 바쁘다. 영업을 처음 시작하는 사원일수록 더 바쁘다. 새로운 환경에 적응도 해야 하고, 익혀야 할 것도 많기 때문이다. 철저하게 계획하고 실천하며 움직여야 하므로 나만의 체계가 필요하다. 그 체계를 잡아주는 것이 직접 기록으로 남기는 시간 관리다. 이 말을 가볍게 여겼다가는 지나간 어제를 후회하고, 오지 않을 내일을 걱정하느라 헛되이 보내는 오늘이 차곡차곡 쌓일 것이다. 그것이 허무한 일주일을 만들고, 결실 없는 한 달을 만든다.

내가 '오늘만 잘 살자!'가 좌우명이라고 하면 다들 놀란다. 너무 팍팍하게 산다는 것이 그 이유다. 그러면 나는 "오늘만 삽니다"라고 설명

을 덧붙인다. 내가 알 수 있는 삶은 오늘 하루이기 때문이다. 정확하게
는 지금, 이 순간만 내가 컨트롤할 수 있는 시간이다. 지나간 시간은 돌
이킬 수 없고, 당장 5분 앞의 상황이 어떻게 될지는 아무도 모른다. 그
래서 나에게 오늘이 주는 의미는 내가 존재하는 현재다. 이 현재를 나의
계획대로 잘 보내면 성공에 한 발짝 더 다가간다.

목표를 이루는 데 거창한 방법이 따로 있다고 생각하지 않는다. 그냥
해보는 실행과 체계적 지속성, 거기에 열정과 자신감이 더해지면 금상
첨화다. 또 목표는 수정 가능성이 언제나 열려 있다. 1월에 계획한 목표
가 12월까지 갈 수도 있고, 그렇지 않을 수도 있다는 뜻이다. 목표를 이
루지 못했다고 해서 실망할 필요는 없다. 영업사원이 매월 매출 목표를
달성하지 못했다고 영업을 못 하는 것은 아니다. 달성하지 못했다는 결
과보다는 달성하지 못한 원인을 알고 있는 것, 다른 사람의 도움을 받더
라도 같은 실수를 하지 않는 것, 실패의 횟수를 줄여가는 것. 그것이 성
공으로 데려가준다.

목표는 머리로 세우고 달성은 손발이 한다. 머리가 생각해 손발을 움
직이게 하려면 연결하는 다리가 필요하다. 기록이 바로 그 다리가 되
어준다. 자기계발로 성공한 많은 사람들이 "종이에 적으니 이뤄졌다"
고 한다. 또 "언제 성공하나요?"라고 물어보면 "오늘 성공한다"고 하
고, "언제 실패하나요?"라고 물어도 "오늘"이라고 답한다. 여기서 승패
의 가장 작은 단위가 오늘임을 알 수 있다. 그러니 오늘 고객과 어떻게

소통할 것인지, 오늘 누구에게 연락할 것인지, 오늘 누구를 만날 것인지 등 고객을 생각하며 오늘의 계획을 고민하고 실천하면, 어느새 성공자가 될 것이다.

즉, 성공을 위해 우리가 할 일은 오늘만 살면서 목표를 이루는 것이다. 부디 오늘만 잘 살자!

05

일 잘하는 사람보다 오래 하는 사람

"충분히 오랫동안 고수하기만 하면
원하는 어떤 것이든 할 수 있다."

– 헬렌 켈러(Helen Keller)

누구나 일을 잘하고 싶어 한다. 영업 현장에서 일을 잘한다는 것은 실적을 잘 내어 소득이 높다는 뜻이고, 회사 내에서 중요한 임무를 맡고 있다는 의미다. 일 잘하는 사람들은 고객과의 신뢰도 탄탄하다. 모두 이러한 모습이 되길 원하지만, 안타깝게도 꿈에서나 있을 법한 일이다. 여기서 질문 하나 하겠다.

*"일을 잘하는 것이 쉬울까? 한 가지 일을
오래 하는 것이 쉬울까?"*

정답은 '일 잘하는 사람이 오래 유지할 가능성이 크다'이다. 그렇지만 일을 오래 한다고 해서 일을 잘하는 것은 아니다. 회사에 발만 담가놓고 오랫동안 일하는 사람도 있기 때문이다. 그러므로 지금부터 내가 말하는 일을 오래 한다는 사람은 자기에게 주어진 일에 최선을 다하며 장기 근속하는 사원을 가리킨다.

일을 잘하는 것은 아주 잠시일 수 있다. 특히 신입의 경우 반짝스타가 될 수 있지만, 최소 3개월에서 최대 6개월은 두고 봐야 한다. 이때는 가족 또는 지인들이 많이 도와주는 기간이기 때문이다. 그런데 이 기간이 지나면 이야기가 달라진다. 본인이 쌓아온 인맥만으로 고객 모집 활동을 할 수는 없다. 이것은 누구에게나 적용되므로 나는 처음부터 실적이 잘 나온다고 해서 칭찬하지 않는다. 또 초반에 몇 개월 실적이 잘 나온다고 우쭐대며 일을 우습게 보는 신입에게는 "코앞의 결과만 보지 말고 멀리 보세요"라고 당부한다. 몇 번을 이야기해도 귓등으로도 안 듣는 것 같다. 그저 지금이 좋은 것이다.

그뿐만 아니다. 성과가 잘 나오니 매일 출근, 교육 등 성장에 필요한 것에는 뒷전이고 실적만 쫓아다니느라 바쁘다. 영업하는 곳이니 계약을 잘하면 좋은 일이다. 그러나 그것이 꾸준할 수는 없다. 준비하지 않으면 본인이 선택한 일을 오래 할 수 없다. 다시 말해, 당장의 실적만을 생각하고 활동하면 얼마 가지 못해 주저앉게 된다. 무리한 계약으로 인한 고객과의 마찰, 엉터리 설계 내용, 고객 혜택 중심이 아닌 자기 실적을 위한 계약 등으로 인해 문제가 불거진다. 모두 욕심이 불러낸 결과다. 이 같은 이유로 육성 과정 동안 실적을 잘 내는 사원은 칭찬보다 신중할 것을 권한다. 칭찬에 인색하다 할 수 있겠지만 미리 경계해서 나쁠 것은 없다.

나는 신인들에게 "지금의 직장이 여러분 인생에서 마지막 직장이 되길 바랍니다"라고 말한다. 많은 의미가 담겨 있다. 그렇지 않은 사원도 있지만 대개 여러 회사를 거쳐 보험 회사로 온다. 다른 일을 하다가 실패했거나, 다른 일을 하고 있는 중이거나, 경력 단절로 선택한 사람 등 사정은 비슷비슷하다. 전후 사정을 듣지 않아도 어떠한 마음으로 입사했는지 이해하기에 잘 정착하길 바라는 마음을 담아 진심으로 전하는 소리다.

그럼, 어떻게 하면 마지막 직장으로 만들 수 있을까? 답은 하나다. 잘하려고 하는 것보다 오래 할 수 있는 방법에 집중해야 한다. 중도하차하는 이유는 단순하다. 가벼운 마음으로 시작했는데 결코 쉬운 일이 아니기 때문이다. 준비하고 공부해야 할 것도 많고, 하루하루 주어지는 미션도 만만치 않다. 매일 마음을 다잡아보지만 호락호락하지 않은 상황이 부담스러워서 손을 놓게 된다. 이제는 고객들도 많은 보험설계사가 오래 일하지 못한다는 것을 안다. 그래서 누군가 보험 영업을 시작했다고 하면 '얼마나 오래 하나 보자'라는 마음으로 지켜보게 된다.

그런데 모든 고객이 그런 마음을 가지고 있다면 초보 설계사의 현실은 얼마나 비참할까. 아무도 계약해주지 않을 것이다. 개중에 이제 막 보험 영업을 시작한 신인의 실적을 올려주는 지인이 있다. 고맙다는 말로 표현이 안 될 만큼 소중한 고객이다. 그들은 응원하는 마음으로 모험하는 것이다. 이것이 설계사에게는 시작할 수 있는 힘이 된다. 그러므로 설계사들은 위기가 올 때마다 초기에 성과를 올려준 고객의 마음을 떠올려야 한다. 어느 하나 귀하지 않은 고객은 없지만, 그들은 내가 일을 할 수 있게 해준 은인이나 마찬가지다. 그들의 마음을 기억한다면 일을 오래 할 수 있는 밑거름이 될 것이다.

일을 오래 한다는 것은 성실함을 의미한다. 또 내가 하는 일을 사랑한다는 증거다. 성실하지 않고서는 오래 할 수 없다. 스스로 정한 일정에 따라 움직이려면, 좋아하고 재미있어야 한다. 그래야 어려운 일도 버티면서 할 수 있다. 일을 오래 하려면 책임감도 있어야 한다. 나를 믿고 삶의 일부를 공유해준 고객에 대한 책임이다.

보험 영업은 계약했다고 끝나는 관계가 아니라 그때부터가 다시 시작이다. 기념일을 챙기는 것뿐만 아니라 각종 정보를 공유하면서 이어나가는 소통을 통해 고객과의 관계가 돈독해진다. 이는 고객을 나의 팬으로 만들어주어 일을 해나가는 데 큰 에너지가 된다. 아무 일도 하지 않으면 아무 일도 일어나지 않는다고 한다. 일단 해보라는 뜻이다. 일을 오래 하는 것도 작은 것을 하나씩 실천해보는 것으로부터 출발한다. 처

음에는 미약하지만 시간의 축적에 의해 창대해지는 것이다. 그 창대함
은 안정감까지 갖추고 있다. 꾸준한 실천으로 소득을 만들고, 소득에 의
해 나의 가정과 생활을 유지하는 힘이 그것이다. 고객에게는 내 담당자
가 책임지고 관리하고, 필요할 때마다 의논할 대상이 되어주리라는 절
대적 안정감을 안겨준다.

　수많은 영업인이 일을 잘하는 것에 목적을 두지 않았으면 한다. 일만
하면서 살 수 없기 때문이다. 일을 잘하면 더 좋겠지만 그보다 가치 있
는 것을 누리며 오래 해나갔으면 좋겠다. 그 과정 중에 힘든 순간도 있
어 버티는 게 버거울 수도 있다. 그로 인해 대중은 한 분야에서 10년,
20년 이상 일한 사람을 인정하고 존중하는 듯하다.

　나도 어느새 조직의 관리자로, 육성코치로 지낸 세월이 10년을 훌쩍
넘겼다. 돌이켜보니 일을 잘하는 것보다 순간순간 찾아오는 고비에 자
리를 지키는 것이 더 어려운 일이었다. 그래도 이겨낼 수 있었던 것은
속상한 일보다 보람을 느낀 경우가 많기 때문이다. '한 사람이 온다는
것은 그 사람의 인생이 오는 것이다'는 내가 좋아하는 문구 중 하나다.
육성 과정을 통해 만나는 사원과 함께하면서 그의 인생 전환점을 함께
만들어간다는 것이 나에게는 큰 가치였고, 그것이 나의 열정 불씨를 꺼
지지 않게 했다. 덕분에 육성코치를 오래 하고 있으니 나를 처음 만나는
사람도 믿고 따라주며, 조직 내에서도 인정받고 있다. 참 감사한 일이
아닐 수 없다.

이제는 다른 것과 바꿀 수 없을 만큼 육성코치 일이 좋다. 이 마음이 육성코치 일을 지속하게 한다. 더욱이 내가 만나는 사람은 새로운 도전을 결심한 이들이다. 그들에게 나의 정성을 쏟아 제대로 자리 잡게 하는 일, 보험 영업의 가치를 전달해 함께 성공하는 동반자로 만드는 일은 가슴 벅차다. 게다가 진심은 통한다는 나의 믿음에 교육생들이 부응해주니 매일이 의미 있게 채워지고 있는 것도 지친 나를 일어서게 한다.

내가 언제까지 육성코치를 할 수 있을지 아무도 알 수 없다. 그러나 이 자리를 지키는 동안 변하지 않을 것이 있다면 일을 잘하기보다 일을 오래 하도록, 우리 회사가 마지막 회사가 되게 하도록 하려는 나의 의지다. 이 의지가 흔들린 적이 없다는 사실은 오랜 시간이 흘렀음에도 나에게 교육받은 수료생들이 실제 현장에서 각자 주어진 역할을 수행하고 있는 것으로도 증명된다. 이렇게 확실한 예시가 있으니 나는 오늘도, 내일도 똑같을 것이다. '기본에 충실하자'라는 모토로 사원들을 매일 출근하게 하고, 기록하게 하며, 성실하게 고객 관리하게 하고, 새로운 시장을 준비하도록 끊임없이 이야기하고 강조하는 것. 당장은 듣기 싫은 잔소리 같아도 이것이 일을 오래 할 수 있게 하는 자양분이 되어줄 것이다.

일 중독 육성코치에서 사람 중독 코치로

> "사람의 가치는
> 타인과의 관계로서만 측정될 수 있다."
> – 프리드리히 니체(Friedrich Nietzsche)

일에 미친 육성팀장

10년 이상 한 직장에서 같은 업무를 해나가는 일이 쉬울 수도, 쉽지 않을 수도 있다. 하던 대로 반복적으로 이어나가기만 하면 되니 쉬우면서도, 변화를 주지 않으면 따분하기도 하고 변화하는 현실에 따라가지 못하니 어렵다. 나는 이 고민을 4~5년간 아니, 그 이상 한 듯하다. 하지만 고민한다고 해서 답이 나오지는 않았다. 그저 주어진 상황에 최선을 다하고 성과를 내면 된다고 생각해 열심히 살았다.

오전 7시 전에 출근해 밤 10~11시 퇴근은 기본이었고, 아이들이 초등학교에 다닐 때는 회사 인근 학교에 보내면서 내가 출근할 때 함께 등교시켰고, 남편이 퇴근하면서 하교시켰다. 아이들이 집에서 기다리고 있는 걸 뻔히 알면서도 남아 있는 사원이 있으면 끝까지 함께 있었다. 나의 성장과 조직의 발전을 위해서라면 회사에서 지원하지 않는 교육에도 참여했고, 사원에게 필요하다 싶으면 사비를 털어서라도 듣게 했다.

나의 스케줄은 언제나 빠듯했다. 교육의 중요성을 강조하며 교육 시간을 최대한 할애할 수 있는 만큼 구성하고, 사원이 10명이든, 20명이든 개의치 않고 활동 면담 전에는 현장으로 나가지 못하게 했다. 사내에서 활용하는 WSP 플래너도 매일 작성하게 해서 확인하고, 한 달에 한 번은 모든 사원에게 WSP 플래너를 제출하게 해 손 편지와 함께 피드백했다. TC 채널에서는 일별, 주 단위 교육을 했다. 모두 신입사원들이 새로운 일에 최대한 빨리 적응해 조금 더 수월하게 활동하게 하기 위함이었다. 또 그것이 나의 의무라고 생각했다.

회사 정책에 따라 입사 시기가 다른 사원을 통합해 교육 프로그램을 운영한 적이 있다. 당연히 서로의 경험이 다르니 조율이 필요했고, 시간 편성을 달리해 교육을 진행했다. 그에 더해 경험에 따른 이해 차이를 줄이기 위해 동일한 교육 자료를 제공했으며, 필요한 자료가 있다면 코팅해주기도 하고, 바인딩해주기도 하면서 내가 할 수 있는 열정을 모두 쏟았다. 그렇게 일을 사랑하고 일에 미쳐서 일만 하고 살았다. 그렇다고 후

회하지는 않는다. 그 시간이 있었기에 지금의 내가 존재하기 때문이다.

그런데 몇 년 전부터 나에게 변화가 생기기 시작했다. 시대 흐름에 따라 사람들이 변한 데서 온 영향이었다. 신입사원 연령대, 입사 형태, 일에 대한 생각 등이 바뀌면서 재미보다는 한계를 느끼는 순간이 늘어났다. 조직 내에서도 변화를 수긍하는 듯했다. 그 와중에 나는 한계를 넘어설 수 있다고 최면을 걸어 아등바등했다. 그 과정 중에 여러 번의 자리 변동이 있었고, 그럴 때마다 바뀐 환경을 겸허히 받아들이고 최상의 상태를 만들기 위해 일에 파묻혀 지냈다.

신세계에 입문한 우물 안 개구리

그랬던 내게 2020년 10월, 인생에 큰 울림을 주는 사건이 벌어졌다. 한 동료의 퇴사 사유가 나 때문이라는 것이었다. 그때부터 "이정현 팀장은 융통성이 없다"라는 말이 나돌기 시작했다. 억울했다. 나는 그저 조직의 성장을 위해 아침부터 저녁까지, 심지어 주말도 휴가도 반납하고 열심히 살았을 뿐인데 그것이 누군가를 힘들게 했고, 퇴사까지 하게 했다는 것이 믿기지 않았다. 이 사실은 나를 감정의 나락으로 빠지게 했다. 좋지 않은 일은 한꺼번에 몰려온다고 했던가. 6개월마다 받는 치과 검진에서 충격적인 이야기를 들었다. 담당 의사가 대뜸 "벌써 틀니 할 나이는 아닌 것 같은데"라며 앞니와 윗니 두 개가 빠지기 일보 직전이라고 했다. 충치에 의한 것이 아니라 잇몸이 무너지면서 신경까지 문제가 생긴 것이었다. 오만 가지 감정이 스치면서 눈물이 왈칵 쏟아졌다. '내가 나에게 무슨 짓을 한 거지?'라고 물으며 근본적인 원인을 찾아나가기 시작했다. 하나하나 따져보니 당연한 결과였다. 일에 미쳐 나를 돌보지 않았던 것이다. 운동도 하지 않았고, 식사도 대충 했으며, 수면은 더 엉망이었다. 그뿐인가. 가족에게도 최선을 다하지 못했다. 부귀영화를 누리는 것도 아닌데 가족들이 일에 밀려나 있었다.

바로잡고 싶었다. 어디서부터 어떻게 시작해야 할지 몰라 일단 치과치료부터 했다. 그러던 중, 이런저런 자료를 검색하다가 자기계발하는 사람들이 모인 모바일 채팅방에 들어가게 되었다. 호기심에 입성한 그곳은 완전히 다른 세상이었다. 다들 자신의 성장을 위해 밤낮으로 교류하고 공부하며 긍정 에너지를 나누고 있었다. 내가 전혀 알지 못했던 신세계였다. 게다가 퀄리티 높은 강의가 무료로 진행된다는 것도 놀라웠다. 나를 더 감동하게 한 것은 각자 본업이 있는데도 다가올 내일을 준비하는 부분이었다. 그것도 1~2명이 아닌 수백 명이라는 데 감탄하지 않을 수 없었다. 우물 안 개구리가 따로 없었구나 싶었다.

당시 많은 사람이 1인 기업이라는 단어를 사용했다. 그 단어가 주는 끌림에 1인 기업가가 갖춰야 할 정신과 태도를 심어주는 김형환 대표가 주관하는 1인 기업 5주 과정을 수료하고, 브랜딩포유 대표이자 EBS 강사인 장이지 대표가 진행하는 독서 모임에도 참여하게 되었다. 또 무료 특강 내용에 매료되어 한국인재인증센터 송수용 대표의 강연 코칭과 치유 과정을 수강했다. 그때의 나는 무너진 자존감을 회복하는 치유의 시간이 절실히 필요했던지라 1초의 망설임도 없이 선택했던 기억이 난다. 여기서 나는 'DID'라는 용어를 알게 되었다. 이는 'Do It Done'의 약자로 우리말로 하면 '들이대'가 된다. 실패를 성공으로, 좌절을 희망으로 바꿀 수 있는 인생 반전 전략이라고 했다. 세상 어떤 문제든 DID 정신만 있으면 해결할 수 있다는 말이 내 마음을 움직였다. 수업이 진행되는 5주 동안 변화가 시작되었다. 특히 1인 기업 과정 3주 차에 진행한 멘토 인터뷰는 앞서 1인 기업 과정을 통해 들었던 이야기를 내 것으로 만드는 시간이 되었다. 꼭 사업가가 아니더라도 대표의 마인드로 일하는 사람이 성공한다는 내용이었다. 실제로 많은 사람이 자기 삶에 적용하고 있음을 확인하면서 뒤통수를 세게 맞은 듯한 충격을 받았다. 더불어 미소 셀카 찍기, 낭독하기 등의 미션을 통해 자신감 넘쳤던 나의 모습으로 돌아가고 있음을 느꼈고, 차츰차츰 업무에서도 에너지가 채워졌다.

착한 코칭과의 만남

송수용 대표는 본인 과정 외에도 내게 도움이 될 만한 과정들을 추천해줬다. 그중 하나가 코칭이었다. 코치가 되어보라는 것이었다. 속으로 '내가 지금 코치인데 뭘 더 배우라는 거지?' 하는 물음이 생겼다. 그래도 '나의 멘토가 권하는 것이니 한번 알아보기나 할까?' 하며 관심을 갖고 살펴봤다. '자기의 감정을 알면 삶이 바뀐다'라는 말에 무조건 신청부터 하고 과정이 개설되기를 기다렸다. 우리나라 코칭의 대가 블루밍 경영연구소 김상임 코치가 진행하는 강점 코칭이라는 과정이었다. 이때 갤럽에서 제공하는 검사를 하는데, 인간이 가진 서른네 가지 강점 중 내가 가진 상위 다섯 개 강점을 바탕으로 나를 조금 더 깊이 들여다볼 수 있게 된다. 나는 테스트 후 결과지를 받고 박장대소하지 않을 수 없었다. 나의 상위 5대 강점으로 승부, 최상화, 절친, 배움, 체계가 나온 것이다.

• 승부

1등, 2등 순위를 뜻하는 승부가 아니다. 일단 실행함으로써 승부수를 던진다. 생각도 행동도 빨라서 무엇이든 서둘러야 직성이 풀린다.

• 최상화

최고의 성과를 내야 한다. 그로 인해 만족이 없다. 조직의 최상화를 위해 계속해 새로운 것을 생각하고 시도하고자 한다. 조직원에 대한 만족도도 낮아 칭찬에 야박하다.

• 절친

친해지는 데 시간이 걸리지만 친한 사람과는 오랜 관계를 유지한다. 무엇보다 내가 선택해야 하며, 나를 먼저 좋아해주는 사람에 대한 어려움이 있다.

- 배움

무엇이든 내가 배워서 해결하므로 계속 배운다. 배우려 하지 않는

사람들을 보면 이해하지 못한다.

- 체계

어떤 일이든 계획하에 움직인다. 갑자기 벌어지는 상황을 좋아하

지 않는다. 그래서 시간 관리와 기록을 중요하게 생각한다.

이 강점들을 마주하면서 지나온 시간이 파노라마처럼 스쳐 지나갔

고, 나의 강점이 지금 내 모습을 만들었음을 인지하게 되었다. 한편으로

나와 같이 일하는 동료들의 어려움이 이해되었다. 팀장이 만족이라고

는 모르는 사람이니 얼마나 힘들었을지 공감하게 된 것이다.

강점 코칭 과정 중에 착한 코칭도 받았다. 이 역시 송수용 대표의 추

천이 있었는데, 만일 듣지 않았다면 두고두고 후회할 만큼 이를 통해 우

울감을 완전히 떨쳐낼 수 있었고, 삶의 활력을 온전히 되찾을 수 있었

다. 착한 코칭은 일주일에 한 번 코치가 이야기하는 공감의 질문에 나

스스로 답을 찾아가게 했다. 목적 있는 대화를 한다는 점에 큰 매력을

느꼈고, 무엇보다 내가 직접 답을 찾게 해주니 명쾌했다. 이런 경험을

하니 코칭 세계가 궁금해졌다. 더 나아가 내가 코치가 되어 다른 사람을

도와주면 좋겠다는 마음이 생겼다. 코치가 되면 새로운 사람을 만날 수

있게 된다는 점도 나를 설레게 했다. 주변에서도 코치가 잘 어울린다고 하니 더 선명하게 꿈꿀 수 있었고, 이제껏 회사라는 무대에서 외길만 걸어왔는데 내가 갈 수 있는 또 다른 길을 발견했다는 데 희망을 보았다.

날마다 성장하는 코치

코치가 되는 방법은 내가 지금까지 육성 과정 코치로 신입사원들에게 수도 없이 강조하고 또 강조한 연습만이 답이었다. 코칭을 많이 해보고 받아보는 것. (사)한국코치협회 KAC 인증 코치로 인정받기 위해 주어진 시간은 50시간. 굉장히 긴 시간이지만 목표에 달성하려면 기본적으로 넘어야 할 산이 있음을 또 한 번 체감했다. 1명당 짧게는 30분, 길게는 1시간 안에 종료되니 50~100회의 코칭을 해야 한다는 계산이 나왔다. 본업을 하면서 실습하는 것이 쉽지 않았다. 그런데 이상하게도 코칭을 하면 할수록 즐거워하는 나와 마주했다. 나의 코칭으로 변화하고 도전하는 사람들을 보면서 일할 때와는 또다른 보람을 느낄 수 있었다. 실습하며 만난 분의 "코치님에게 코칭을 받으니 긍정 에너지가 올라와요"라는 한마디가 나를 들뜨게 했다. 제2의 삶은 더 많은 사람을 돕는 코치로 살고 싶어졌다. 그렇게 나는 50시간을 채워 KAC 인증 코치가 되었다. 이로써 전문코치로 나아가는 첫 관문을 넘었다. 이제 KPC코치가 되었고, CFT(재무심리)코치, 강점코치가 되었다.

KPC코치가 되기 위해 실습하며 분명해진 것은 일상적으로 고객을 대하는 것과 코치로서 고객을 대하는 것의 차이다. 또 육성코치로서 사원을 코칭하는 것과 KPC코치로서 코칭하는 것은 천지 차이다. 육성코치는 최대한 답을 안겨줘야 하지만, KPC코치는 스스로 답을 찾도록 도와주는 사람이다. 덕분에 나의 모습도 눈에 띄게 변했다. 사람이 궁금해졌다. 그동안은 일하면서 사람과의 관계의 중요성을 잊고 지냈다. 어리석게도 일만 열심히 하면 된다고만 생각한 것이다.

그런데 코칭을 만나고 사람에 집중하니 '어떤 마음으로 일하는지', '왜 일이 잘 안 풀리는지'와 같은 상대방의 마음이 보였다. 그랬더니 코칭에 힘도 생기고 상대방도 답을 잘 찾아가는 듯했다. 코칭을 통해 비로소 사람과의 관계가 먼저임을 깨달아가는 중이다. 전문 코치로서 개인이 가지고 있는 강점과 재무심리를 활용하는 육성코치로서 새로운 도전을 시작한 이들이 각자 답을 찾을 수 있도록 영업 현장에도 새로운 바람을 불어넣어 볼까 한다. 섣부른 판단일 수 있지만 코칭이라는 렌즈로 사원들을 바라보고, 코칭이 내게 알려준 경청과 인정을 장착하면 지금보다 더 즐거운 분위기가 되리라 기대한다. 또 이 경험을 발판으로 강의와 직업 코칭을 병행하면 코치로서 한 단계 더 업그레이드할 수 있지 않을까?

이제부터 나는 인생 변화를 원하는 사람들이 스스로 답을 찾아 잘 정착할 수 있도록 도와주려 한다. 이는 육성코치 이정현으로도, KPC코치 이정현으로도 가치 있는 일이 될 것이다. 더 이상 일 중독이 아닌 사람 중독 코치로서 매일 성장해가는 나의 내일이 기대된다. 마지막으로 이 자리를 빌려 나와 인연을 맺은 수많은 교육생, 가장 힘들 때 자기계발이라는 연결고리로 맺어진 귀한 인연들, 그리고 가족이라는 이유로 나의 성장통을 묵묵히 응원하고 지켜봐준 남편과 아이들에게 고마운 마음을 전한다. 더불어 다음 이야기는 코치로서의 삶을 나눌 수 있도록 기회가 올 때까지 기본에 충실하며 살아가기로 공개 고백해본다. 아마 기본에 충실한 만큼 나는 더 성장해 있을 것이다.

마지막으로 한 번 더 외친다.

"기본에 충실합시다! 나는 날마다 나아지고 있다!"

나는 오늘도 기본을 입고 출근합니다

제1판 1쇄 2022년 7월 27일

지은이 이정현
펴낸이 서정희   **펴낸곳** 매경출판(주)
기획제작 (주)두드림미디어
책임편집 최윤경, 배성분, 윤수빈   **디자인** 김진나(nah1052@naver.com)
마케팅 김익겸, 한동우, 장하라

매경출판(주)
등록 2003년 4월 24일(No. 2-3759)
주소 (04557) 서울시 중구 충무로 2(필동 1가) 매일경제 별관 2층 매경출판(주)
홈페이지 www.mkbook.co.kr
전 화 02)333-3577
이메일 dodreamedia@naver.com(원고 투고 및 출판 관련 문의)
인쇄·제본 (주)M-print 031)8071-0961

ISBN 979-11-6484-436-4 (03320)